経営随筆

縁と枠の経営

グローカル・にっぽんを創る

村山元英【著】

文眞堂

はじめに

「経営随筆」という言葉に読者は最初戸惑ったかもしれない。また、「縁と粋」がなぜ経営問題なのかと疑問に思った人もいるだろう。ましてや〝グローカル〟とは何を意味するのか、グローバルの言葉の間違いではなかろうか、そして「感動」は主観性で客観性を重んじる学問の外の問題ではなかろうか。本書はその題名からも多くの問題提起をする。

これまでのわたくしは、先人たちの経営学の積み上げの恩恵で学んできたが、求める経営の知が、別の次元にあるような気がしてきた。いうならば、経営にロマンがほしい。夢のある経営は人間と社会を信じることだ。そんな思いから現実の生活の営み、いわゆる日常の生活現場をより真摯に見直すことにした。

これまでのように論文調で経営を描くと、本来の自分がつくりもののようにおもえてきた。思い出せば日記も文学だと知る。先ずメモ書きの日記を書き、その日記を書き改める作業から永井荷風は『墨東奇談』『アメリカ物語』の小説を産み出した。小説は書けないまでも日記から随筆ならわたくしでも書けそうだ。そんな楽観的な勇気で「縁と粋の感動日記」のメモ書きを開始し、それを経営随筆にまとめる試みをこの数年間してみた。その成果が本書である。

評論と随筆のちがいについて、朝日新聞社社友で同社の学芸部所属だった阿部幸夫元記者からいろいろ指導を受けた。評論は分析的な科学理論であり、他者へその理論を押し付けるところがある。一方、随筆は相手を考えさせ、その答えを読者が自分なりにつくりださせるところにその意味がある、と彼から教わった。随筆はできたら口語体が望ましいとも言われ、文語体の随筆を数回にわたり口語体に書き改めたが、どうもぎこちなく自分らしくないので、また、文語体に戻してみたりもした。結果的には評論臭さを引きずり、経営随筆といえるかどうか読者の批判を待つしかない。

それでも、経営随筆を書きたかった思い入れだけはこの機会にしっかり伝えたい。経営学の権威である三戸公教授が言われるように、「随筆だと、肩から力が抜けて学問の本質に近づける」。その通りだと思う。理論として論文を書くよりも、随筆として何かを書くとき、事象の本質に素直に飛び込める人間の感性が目覚め働く。特に創造的破壊への経営の知は、経営学の理論の組み立てから脱して、人と社会の未来を信じる方が、より直観的に健全なマネジメントとなる。経営随筆はその意味で性善説の人間と社会への信頼から生まれたロマンである。

そのロマンの情熱を消さない思想には、生と死の二つが一つになり、経営に生きる者にとっての持続する生命観がある。このような「二元的一元論」の後押しで経営のロマンが無常観を包み込み描ける。言葉を代えていえば、経営随筆だと対立矛盾のこの二元的一元論、例えば、ローカルな特殊性とグローバルな規範性との異種混淆とその未来図が描きやすくなる。

グローバル化とローカル化のせめぎ合いを〝グローカル〟と名付けてみた。そうしたら、多様な生命連鎖の「縁」を知り、異なる「粋」の感性が広がり、そして別の顔の哲学が産まれた。かくして、経営の知的革新を悟り、その感動からの創造的破壊による未来の場、「縁と粋のグローカル・にっぽんの経営」が形になってきた。未熟で完成された経営随筆とはいえないかもしれないが、本書が〝縁と粋の経営の新分野の開拓〟であり、これからの人たちのための〝経営随筆への一里塚〟になればありがたい。

これまでにない拙著への文眞堂さんの格段の理解と応援が、本書に陽の目をみる好機をつくってもらえた。その慧眼と慈愛に心底からの感謝あるのみである。

二〇一四年六月三〇日

文化の里・芝山の山中で

村　山　元　英

目次

はじめに …… v
序章1 「縁と粋の経営」の全体構図 …… i
序章2 〝グローカル〟の起源的意味 …… 1
12

第Ⅰ部 伝える縁と粋 …… 21

その1／草履に着流しの新聞記者 …… 23
その2／小説家・安岡章太郎さんの訃報 …… 28
その3／王貞治選手の男気 …… 30
その4／世界に飛び立つ和食文化 …… 39
その5A／縁と粋で、人間らしさを！ …… 50
その5B／粋が縁の、甲斐京子 …… 57

第II部　生きる縁と枠……65
その6／捨てても、残る〝仕事の心〟……67
その7／無一物中無尽蔵……72
その8／教育の非情と非恨……86
その9／卒業生の定年記念講演……95
その10／経営文化は、芸術感性の教育だ！……98
第III部　変える縁と枠……105
その11／東京駅が、街になる……107
その12／なぜシアトルが好きか？……115
その13／身分社会を壊す英語の能力……121
その14／わが子が、ハーバード大学に！……131
その15／アベノミックスと浜田宏一教授……136
第IV部　超える縁と枠……141
その16／天皇のレンゲ草……143

その17／さりげない粋！両陛下の深川八幡……150
その18A／ピープルは、庶民と社員……153
その18B／グローバル庶民感性の下町ピープル……164
その19／〝一対一〟の芸事と学問……175
その20／家元文化と教養文化……180
あとがき……188

序章1　「縁と粋の経営」の全体構図

達磨と「縁と粋」——外観を見る、分析で診る、内心を観る

最初に紹介する図1は、本書『縁と粋の経営—グローカル・にっぽん（日本）を創る』の内容の構成を全体的に言い尽くしている。見える事象から見えない縁と粋を感じ、その感性を創造的破壊への踏み台とし、未来の場を擦り合わせで創る。

日常性の事象（現象）と出会うとき、私どもは〝三つの〟みる目線を持つ。第一の目線は、現象を表（おもて）の上面（うわつら）で「見る」こと。形式や手続きの扱いには、この種の目線が役に立つ。次に第二の目線は、現象を分析的かつ科学的に「診る」こと。個別要素が一つの全体となる。そう信じる西洋風の学問をするときには、この目線の共有には意味がある。第三の目線とは、表層に潜む内面の精神的価値や、分析できない人間感性や自然秩序を「観る」ことである。

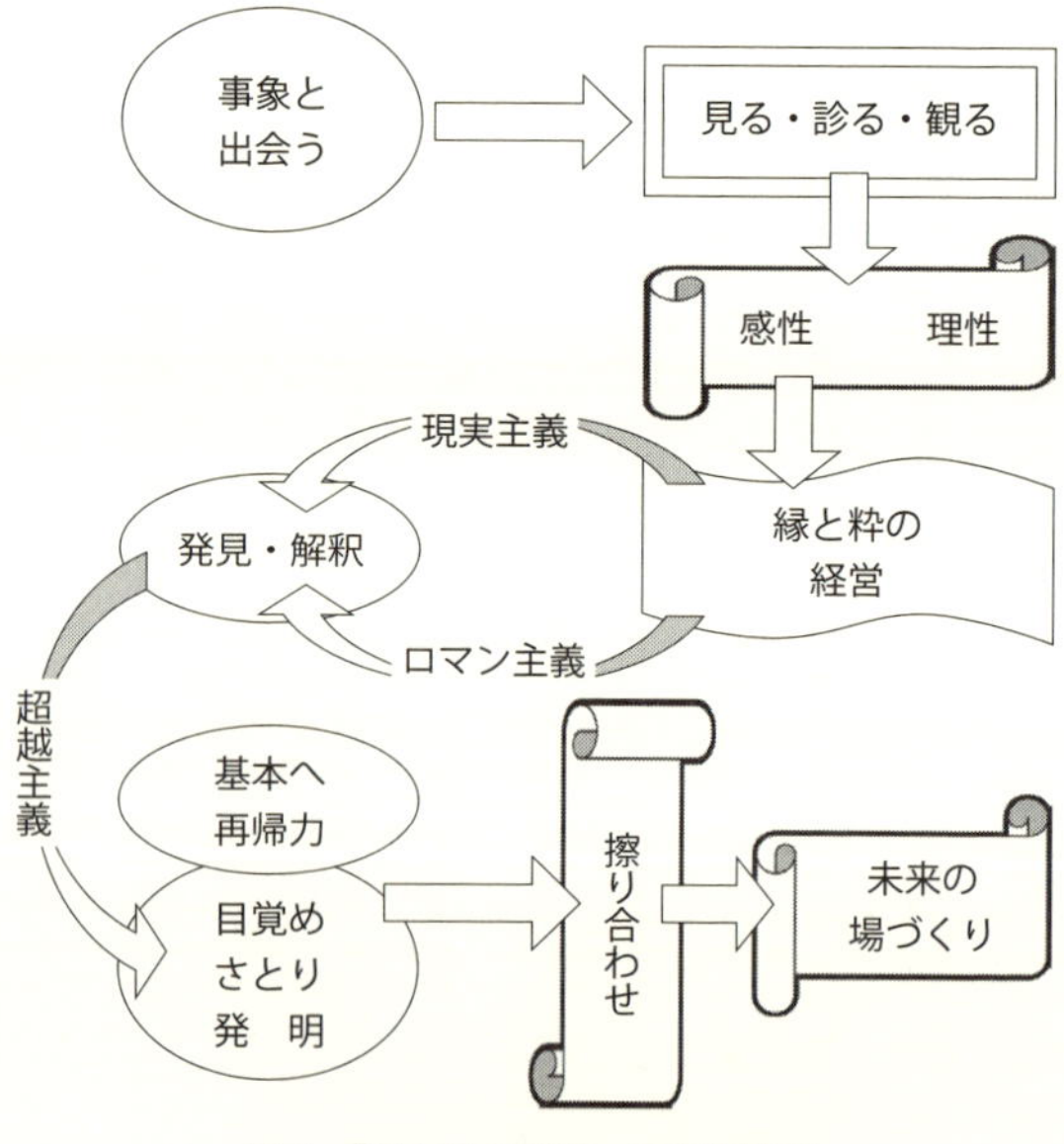

図１「縁と粋の経営」の全体構図

上の図をみながら説明しよう。以上の「見る」、「診る」、「観る」、の三つの目線は、私どもの感性と理性で研ぎ澄まされてくる。あたかもその三つの目に映し出される心の進化は白隠禅師が描く達磨のようである。達磨は外側の見える存在でもあり、また白隠の中に生きている内心の達磨（例えば「仏」か自然秩序）でもある。白隠の描く達磨は彼の心の進化に応じてそのつどちがってくる。三つの目線はこのようにその個人の人格的成長に応じて変化してくるものといえる。

経営の中にみる・みられる「縁と粋」は、曖昧模糊としてつかみどころがない。そこで、ここでの経営の中の「縁と粋」を白隠の描く達磨と同じだと仮定してみよう。そうすると、現実とロマンの狭間で発見された外観の達磨、即ち、みえる「縁と粋」は、形からくる達磨、すなわち、「縁と粋」の表層的解釈である。だが、外観の形から内面への心の目覚めや悟りが超越的にでてくると、白隠が描く達磨が変わるように、経営の中の「縁と粋」は内面の深層の価値の発明となる。

このように、目線の能力と内なる精神進化が、達磨、すなわち、「縁と粋」を変える。したがって

「縁と粋」は、人それぞれの生き方で異なった進化をするものといえる。

さりげない粋

さて、「粋とは何か」を、最近感じたことで先ず問題提起してみよう。ブラジルでの世界チャンピオンを決めるサッカーの試合で、東ヨーロッパの共和制国家、ボスニア・ヘルツェゴビナの選手がゴールを決めた。その一瞬、観客からの怒涛のような歓声の渦の中でこの選手は「何もなかったような」、〝さりげない顔〟（it's cool）をしていた。民族間対立で二〇万人が死に、二〇〇万人の避難民の内戦を潜り抜けてきた祖国との〝むずかしい〟「縁」を持つ、この選手の隠し持つ〝さりげない〟「粋」を感じた日本人は私だけではないだろう。

その一方で、勝てぬ日本チームを大挙してブラジルの地に応援に来たわが日本人観客は、青いビニール袋で試合後の観客席でゴミ拾いをする。その風景がなんとも心温まる〝粋なこと〟（さりげないいつものこと）のグローカル・にっぽんを演じていた。その者たちの隠し持つ「粋」は、世界に通用する日本文化の清潔感である。それとは対称的に、ゴールを決めるのに惜しくも失敗した日本選手がいかにも残念とばかりに、芝生に寝そべって両手で頭を抱え、天を仰ぐ。その姿の〝おおげさ〟の不粋さと、自己主張の野暮が世界にこぼれ落ちていた。

「縁とは何か」、「粋とは何か」とそれぞれの疑問は本書の中で多元的な視点から徐々に解きほぐされていく。全体としていえることは、「縁と粋の絆」は、結果分析の解釈による「発見」から、生命起源への目覚めと悟りによる〝未来の場づくり〟を可能にし、共創と共有の価値の「発明」へと繋がる。その発見と発明の動きと形には言い尽くせない喜怒哀楽の物語がある。言い換えると、それぞれ個人が「縁と粋の経営」の発見と発明を〝自らの言葉の〟「縁と粋」で探り、その縁と粋を己れの心に言い聞かせるものであり、他人から強制できる性質のものではない。「縁は偶然で意外のものであり」、「粋は、生き、活き、意気で張り合う勢いの生命力や人間の権威である」。例えば、イチロー選手は、NYヤンキースとの縁に生きる粋を彼なりの今の心意気で磨く。彼は時には打てても、また打てなくても前人未到の記録を残す〝クール・ジャパン〟(it's cool、渋く、涼し気に、さりげない生き様)である。

それはそれとして、超越的にいえることは、生命起源への内心の縁と粋への目覚めと悟りが、基本への〝再帰力〟(反射型の共感で、価値の共創と共有)をエネルギーとして、自他関係に内的交響の世界を発明する。その内的交響の世界から創造的破壊への「未来の場づくり」が〝擦り合わせ〟の過程を通じて相互に新しい縁と粋を共創できるようになる。例えば、日本航空を再生した稲盛経営学のアミーバー論理は、相手に自分を映し出し、自分に相手を映し出す。同様に、未来から現在を映し出し、現在から未来を映し出す。この様な意味での循環型の相帰性の縁と粋の感性には、仏が自分になり、自分が仏になるような共創と共有の内的交響の価値観である。ちなみに経営者稲盛和夫は在家の僧侶でもある。

カンドー（感動）を世界言語に！

以前から縁と粋とにつながる日本語の「感動」を世界言語の〝Kandoh〟にしたいと秘かに思っていた。カンドー（感動、Kandoh）は、英語でも発音しやすい。このKandohに籠められた日本人の気持ちが、日本発のグローバルな世界観となり、その意味を世界に伝えられないだろうか。そんな思いからニュージランド最古のオタゴ大学で、「国境なき感動が、ビジネスとアートとを結ぶ」、という題名の研究報告を試みた。その時は、二〇〇七年の六月にダニーデン市で開催された第二〇回環太平洋学術交流学会の場だった。

それ以前には名古屋の中京大学時代に、「トヨタの車は、工業製品か芸術作品か」のテーマを掲げて学会報告した想い出がある。その延長で「経営と芸術は、感動で結ばれる」という仮説で、トヨタ車とその企業文化を〝感動文化グローバリズム〟として『千葉大学経済研究』に村山にな（玉川大学芸術学部准教授）と共著で掲載させてもらった。

シアトル大学からしばらくぶりで日本に帰国したとき、ＴＶで「カンドー」という奇妙なカタカナの外来語に戸惑った経験がある。「カンドーが感動（kandoh）だ」ということをその後偶然に知ったときは愕然と驚き、そして「してやったり！」とひそかに独りほほ笑んだりもした。

四十数年前、インドネシア大学で教えていたとき、〝グローカル〟という和製英語をインドネシア大学の研究仲間とつくった。その後グローカルという和製英語が世界言語の顔をして日本に里帰りしていた。日本の学者や企業もこのグローカルという言葉をその起源とは無縁に使い分けている。私の求めたグローカルの言葉のメッセージは、ローカルにも近代的土着化の内発的な論理があり、グローバルには現地ローカルな地域素顔の自然な花が咲くものだ、というグローカル哲学、グローカル文化、グローカル経営の啓蒙を狙った「国づくりの経営学」だったが・・・。

感動は測れない価値

本書での感動（カンドー）とは人間にとって水のようなものである。感動は、自他相互に心を震わせ、思い・思われて生きている幸せを実感し、そしてお互いに〝やる気を起こさせる〟。感動がないと人は生きられない。人は何に感動するかは、人それぞれで違うものである。私の妻は些細なことにいつも感動している。何かを信じ、何かに感謝し、そして感動する出会いを無性に楽しむからである。お金持ちと貧しい人では、感動の度合いもちがうように、老若男女、日本人と外国人も含めて人々はお金と心にそれぞれ違った「感動の価値」を抱いている。

子供が生まれたり、試験に落ちたり、母親が死んだり、就職が決まったり、そうした通常の喜怒哀楽にも感動がつきものだ。だがその次元よりも高いレベルの感動もある。その種の気高い感動は、崇高な愛や聖なる精神性に接したときに心の底から湧き上がるものである。言い換えると感動には測り知れない価値がある。例えば東北関東大地震災害に直面し自己の生命を犠牲にして他人の命を救った者たちの精神の気高さである。

感動は見えなくても、測れなくてもそれは純粋に〝人間の価値〟の表出である。逆な言い方をすると、見えない・測れないからこそ感動には価値がある。祭りの神輿も礼拝する神仏もその実体の重さを測ってはいけない聖なる心の価値とみなす。「感動の価値」とは本来的には個人的な体験で知るものである。それでも同じ経験を繰り返すとその「感動の価値」は薄くなる。それだから年をとってくるとあまり感動しなくなる人生が待ち構えている。その危機を回避するために、「人生すべて旅の途中」の心境で死ぬまで日々感動に生きる感性を深めて、そして時折にこれまでにないような新しい縁と粋の感動を自らが創り楽しく生きる工夫が必要となる。

感動日記から経営随筆へ

そんなおもいから、縁と粋の「感動日記」を日本への帰国後書き始めた。外国から日本を見直すと〝縁と粋の感動だらけ〟な毎日だ！　感動日記を本書に移し変えるにあたり、世界に向けての日本発の「国家のブランド力」を考え、(1)縁と粋の経営、(2)感動に生きる経営、(3)「グローカル・にっぽんの経営」を創る方向への〝経営文化の発信力〟の可能性に焦点を絞ってみた。前述したように論文調よりも、経営の哲学と戦略をエッセイ風に書き改め、「経営随筆」の新分野が開ければと願っている。外国から日本の日常生活の変化を洞察する眼が、自ずと持説のグローカル「経営人類学の道」を歩み。その道が、経営随筆の道を目指していた。

ここでいう「グローカル・にっぽん」とは、日本と外国のそれぞれの国民文化の〝擦り合わせ〟に、「未来の場づくり」への新たな〝幸せを呼ぶ〟「感動の価値」を創り出し、その感動の価値を世界の共感に広げることの意味である。例えば、日本のアニメ商品や米国のディズニー・ランドのようにローカルな国民文化とグローバルの科学文明との〝グローカル交流効果〟が、既存のグローバルな創造的破壊の技術革新を巻き込んで、国内と国外の人間社会をよりよく結びつけていく。そして日本も諸外国もそのグローカル交流効果の「感動の価値」を世界に発信できるようになる。

「感動の価値観」と「感動知覚の尺度」

私の個人的な「感動の価値観」と「感動知覚の尺度」を二つが一つの〝グローカル・にっぽん〟の視点でまとめると次のようになる。先ず「感動の価値観」とは、〝感動の起源〟を日本人固有の「縁」と「粋」の思想に遡って現象を理解すること。「感動の価値観」への探求は、逆に日本人にとっての「縁」と「粋」の意味をさらに深めざるを得ない状況に追い込むようになる。つきるところ、感動は、縁と粋とおなじように、その個人が定義する人生観や世界観の意味となり、最終的には広い意味での喜びも悲しみも含めて一義的に決めつけられないことだけがわかる。本書の原稿資料となった、「感動日記・〝縁と粋に生きる〟」とは、そういう試行錯誤の揺れ動く内容だった。

つぎに「感動知覚の尺度」とは、日本人だけではなく、すべての〝人間の生き方〟への判断と行動への評価についてである。心理学者は個人の感動の動きをより正確に評価測定する道具をもっている。しかもその測定科学がより高度化し精緻化してきた。だが、ここでの「感動知覚の尺度」とは、測れない〝美〟の芸術感覚と相対化できる、ものごとへの〝直観力〟である。

〝直観する判断力〟を、米国の作家で、アル・ゴア副大統領の首席スピーチライターを務めたダニエル・ピンクはその著書『ハイコンセプト』（大前健一訳）の中で次のように包括的意味にまとめている。

(1)　論理ではなく「共感」
(2)　まじめだけではなく「遊び心」
(3)　機能だけでなく「デザイン」
(4)　モノよりも「生きがい」
(5)　議論よりも「物語」
(6)　個別よりも「全体の調和」

有形と無形の価値、それらをつなぐ〝見えない〟調和や破壊、そして創造の要素について人間は、〝直観する判断力〟を無意識にもっている。自然美や人間美への感動をつくる「芸術感覚」と同様に、日常の生活や仕事の中に〝生き方〟（経営）への感動をつくる知覚の尺度は人様々にある。

現実とロマンの矛盾を超える

マネジメント、即ち、経営とは、元来、人間の日常生活の〝生きる営み〟についての発見と発明である。物を作る、売る物事や事柄の意味を超えて、人々が生きていることへの感動の発見と発明こそが、マネジメントの根源の意味といえる。その感動とは、関係の価値の創造であり、構造の価値の再生であり、そして日常性に生き・生かされる生命連鎖の起源を知る、「縁と粋・グローカル・にっぽん」と出会う喜びである。

私は、そんな「感動の価値」をつくれる能力を現実主義やロマン主義の対立矛盾の二重構造的な分析や解釈を超えて、二つが一つになる問題解決志向の基本へ還れる再帰力（reflexivity）の自己開発、すなわち、繰り返せる創造的破壊への目覚めや悟り（さとり）となる「縁と粋の経営の発明」を本書のなかにめざしてきた。本書の狙いは、グローカル・にっぽん（日本）の地域知能の素顔の発明が、世界の共感をつくることにあり、その〝未来の場づくり〟へ向けての旅立ちである。そして〝縁と粋の感動に生きる〟「グローカル・にっぽん」を背負って辿り行く街道筋には、その道標となる「伝える」、「生きる」、「変える」、そして「超える」次元での価値共創への思索とその価値共有への提案がある。

本書が読者にとって日常生活における「創造的破壊へのイメージの発明の機会」となることを願って

いる。混沌とした世界的現状からより良い人生にむけて少しでもお役に立つことができたらという願いが、道標となる各章のそれぞれの個別テーマに籠められている。

序章2　〝グローカル〟の起源的意味

〝グローカル〟は、内発的発展の論理の和製英語

本書には、「グローカル」（Glo-cal）という言葉がよくでてくる。その言葉の由来と内容を最初により全体構造的に紹介しておくとする。その方が「縁と粋の経営」の本書をより基本的に理解してもらえる。

〝グローカル〟とは、グローバル（Global）とローカル（Local）の混成語の和製英語である。正確な言い方をすると、

(1)「グローカル」（Glo-cal）は、地域知能の素顔にみられる文化特性であり、

(2)「グローカリゼーション」（Glo-calization）は、その素顔の変化の過程であり、

（3）「グローカリズム」（Glo-calism）は、その素顔に内在する哲学である。

これらの和製英語は前に触れたように、一九七〇（昭和四五）年に千葉大学奉職のときそれまでのアジア研究を踏まえて、インドネシア大学の共同研究仲間と、現地・現場・現業の〝擦りあわせ〟議論から出てきた言葉である（村山になとの共著『創造的破壊の経営学』文眞堂、二〇一一、一六〜二二頁）。グローカルをつくる天の極は地球的規模を意味し、一方、グローカルに含まれている地の極の意味は、現地、地元、土着、定着、足元である。天の極と地の極とを結ぶグローカリズム思想が、部分と全体、ミクロとマクロ、個と組織、国家と世界、そして、生と死の両極性の間の架け橋の働きをする。「グローカリズム」は、足元から世界を考える、同時に世界から足元を考える。こういう「現地からの地球主義」・「地球の持続性からの現地主義」が、地球生命共同体観なり、地球・宇宙一元思想を根っこにした地球愛と人類愛の経営哲学である。職能経営と環境経営の融合をめざし、開発途上国の国づくり経営を提案し、かつまた経営による平和創造の試みに、このグローカリズム経営思想がそれらの基礎前提になっていた。

天と地とは同じだというグローカリズムの経営哲学は、思想と形態の二つが一つ、正と負の調和、そこに住む者にとって、自分の足元の「地と血と知の三〝ち〟で生きる場」が、世界であり、地球であり、宇宙だとする。

こうした意味でのグローカリズムを、研究作業仮説化して、「国際経営学と経営文化論との統合」

を、「経営生態論」ぐるみで〝千葉実験〟（国際経営学における千葉学派試論）を展開してきた。「経営人類学」の形成過程には、そうした段階論があった。

マラヤ大学と北京大学でのグローカリズム経営の講義

二〇〇〇（平成一二）年の七月～九月の期間にマラヤ大学客員教授（国際交流基金海外派遣）として講義をしていたとき、マラヤ大学の学生が、日本の学生と較べてグローカリズム理論をより真剣により深く理解し感動していた。同国のナジブ・ラザク氏（前文部大臣・現防衛大臣）とＴＶ対談したときも、持説の「グローカリズム理論」に多くの賛同を言葉にしていた。わたくしのグローカリズム理論が、マレーシアでより支持を得られた背景には、土着型近代化思想に根ざした内発的発展の論理を、当時の同国が求めていたからであろう。

全く同じ現象が中国の国家現代化時代に遡っても言える。日中外交復活後の北京大学で同大学での初めての経営学の講義に招かれたとき、わたくしの経営環境論とグローカリズムの経営学を中国の学者が「わが意を得たり」とばかり賛同してくれた。それを契機に拙著が数多く中国語に翻訳され、その後の新しい中国にとって文明と文化の擦りあわせの国づくり経営学の地域素顔の頭脳が輝きはじめた。振り返り思うにグローバリゼーションを迫られ、そのメガトレンドに注意深い国々は、グローカリズム理論を基礎として経済グローバル化へのセフティネット（安全網）を地域社会レベルでいろいろと構築をせまられていた。

この「グローカリズム理論」を、多元的に現地経営を目指す多国籍企業は戦略的に使っている。例えば、コカコーラ社は「Think Globally, Act Locally」（世界を考え、現地で行動）とし、富士フィルム社はその逆に「Think Locally, Act Globally」（現地で考え、世界で行動）の基本方針を市場に徹底的に浸透させている。グローバルとローカルとは境目のない同じ本質だという思想で、コカコーラも富士フィルムも成長している。世界が先にあるのか、現地が先にあるのか、いずれにしても行き着くところは、同じなのだというビジネスの本質観からの割り切り方の前には、中途半端な異文化経営論も、比較文化論も意味をなさなくなる。

俯瞰図・グローカル、グローカリゼーション、グローカリズム

以上のグローカル、グローカリゼーション、グローカリズムの内容をよりわかりやすくまとめるために、つぎの三つの図表を紹介しておく。この図表が前述の序章1の「縁と枠の経営の全体構図」の俯瞰図と一緒に本書をより立体的かつ深層的に基本表現する。

先ずは下記の図1の俯瞰図をご覧いただきたい。図1の「グローカリズム経営哲学―ローカルとグローバルの架け橋」の内容は、次のことを説明する。

(1) 個人や組織にはローカルとグローバルの「中枢文化の価値」があり、その価値を基盤とする「考え方」と「行動の形」があり、考え方と行動の形にはそれぞれ異なる発展段階がある。

(2) 以上の異なる発展段階には、「歴史・起源」を基層価値とする保守主義があり、その対極に「統合・収斂」を基層価値とする自由主義がある。

(3) ローカルとグローバル、そして保守と自由の対立的な発展段階を融合するための創造的破壊の循環活動は、グローカリズムの経営哲学の「スパイラル機能」（かき回しの役割）による。

(4) このスパイラル機能は、「〝擦りあわせの〟現場主義のグローカル経営」であり、ローカルとグローバルとの間の際崩しと架け橋となり、超境界的成長を形にする「二元的一元論のグローカリズム経営哲学」である。

次に、図2の説明に移るとしよう。図2「ローカルとグローバルの中枢価値の結合過程—考え方と行動の形の〝グローカル〟統合」は、次のようにその内容を相互関係的に説明するものである。

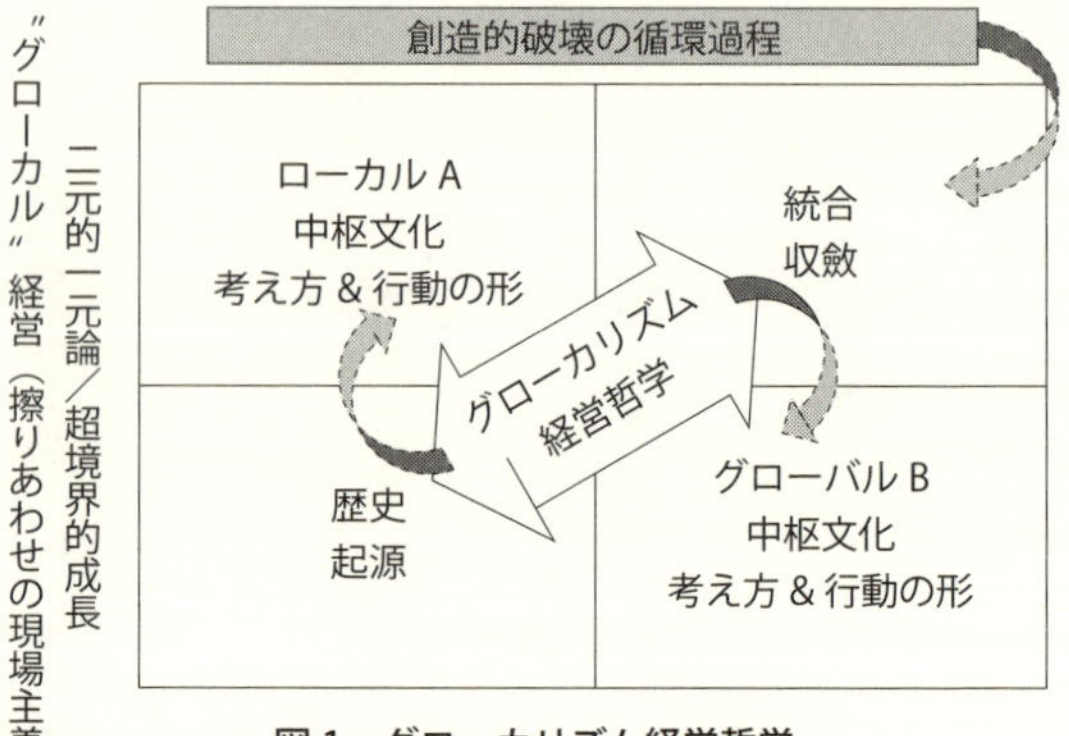

図1　グローカリズム経営哲学
ローカルとグローバルの架け橋

(1) 「ローカル」と「グローバル」は、それぞれの〝中枢文化の価値〟で仕事をし、製品やサービスをつくり、向かい合いまじりあう。

(2) ローカルにも、グローバルにも、それぞれの固有の「考え方」と「行動の形」が一致して機能する（社会的に働く）。

(3) だが、両者の間で国際化やグローバル化などの超境界的な活動が起こると、ローカルとグローバルの〝それぞれの固有の〟「考え方」と「行動の形」の一致に「変動のズレ」が生じる。

(4) 国家間や異文化間でのその変動のズレは、「行動の形」（形式・形態・型など）だけの〝表層文化移転〟と、「考え方」（思想・価値観・哲学など）の〝基層文化移転〟にもみられる。

(5) 国内での「考え方」と「行動の形」の一致が、国際交流ではその一致に不一致のズレが生じる。その変動誘因は、人類進化への自然思想（動物的精気の論理）として肯定的に理解する。

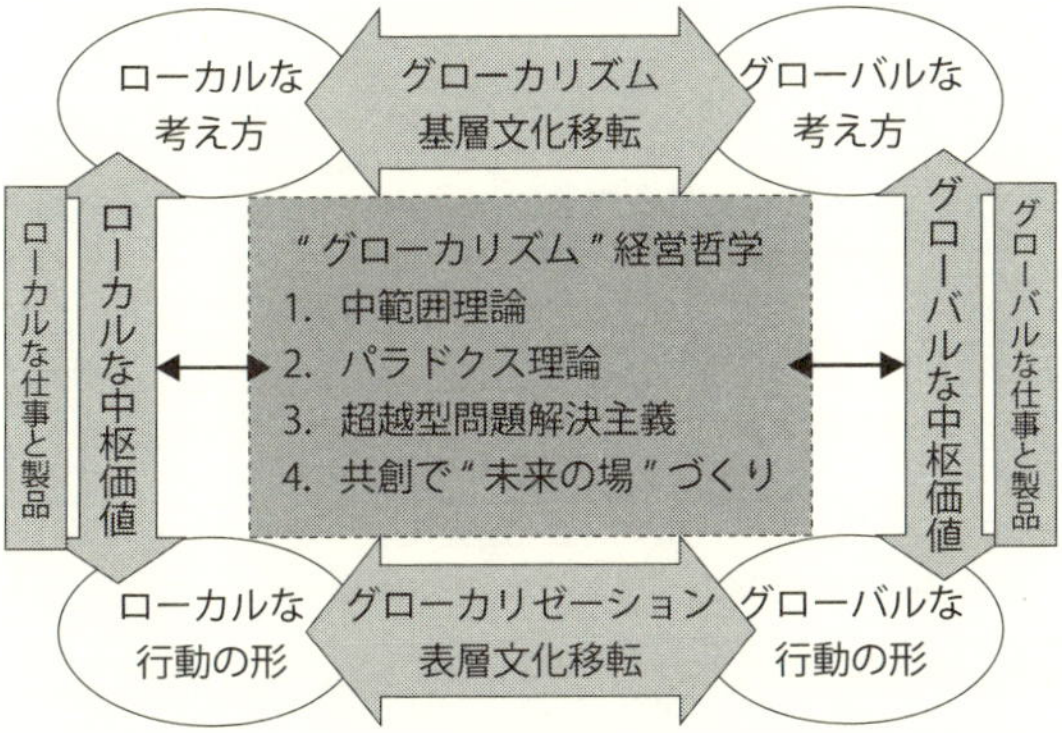

図2　ローカルとグローバルの中枢価値の結合過程
考え方と行動の形の“グローカル”統合

(6)　ローカル世界とグローバル世界との間で、ローカル思考↔グローバル思考の〝基層文化移転〟とグローカル化↔グローバル化の行動の〝表層文化移転〟とが重ならない現場に「グローカリズムの経営哲学」が働く。その働きの内容は、①中範囲性、②パラドクシカル、③超越型問題解決志向、そして④場の真実からの未来の場（ば）づくりをめざす。

つぎに、下記の図3「グローカル現場」での〝擦りあわせ〟―「文明の動態性と文化の多様性のギャップを埋める」の説明に移るとしよう。

それぞれの都市と文化と企業を結びつける「国内環境」と「グローバル環境」の両者の出会いには、相互に向かい合う対立の複合構造が多重化している。その主たる対立複合の〝相対性局面〟を次のようにまとめることができる。

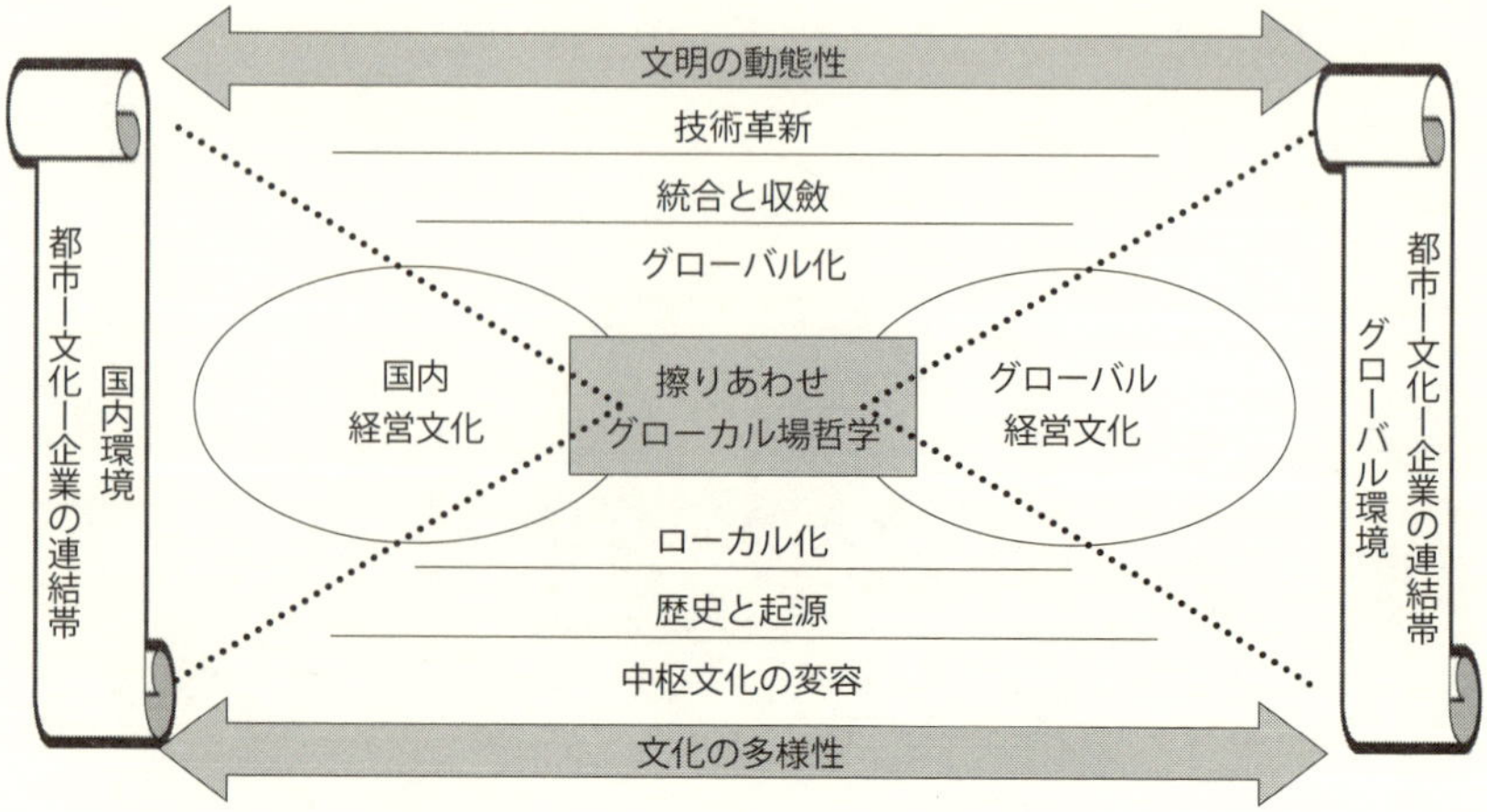

図3　「グローカル現場」での〝擦りあわせ〟
文明の動態性と文化の多様性のギャップを埋める

(1)「文明の動態性」と「文化の多様性」
(2)「技術革新」と「文化変容」
(3)「統合・収斂」と「歴史・起源」
(4)「グローバル化」と「ローカル化」

上記の「対立する複合構造の相対性局面」には、つねに〝擦りあわせ〟の現場と向かい合う覚悟と正念場がある(何が起きても驚かない)。そこでの求められる「縁と粋の経営」とは、「当事者意識」・「擦り合わせ」・「超える力」・「未来の場づくり」をキーワードとするグローカル経営の〝場〟(ば)の哲学である。

これまでの持説を含めた以上二つの序章が、これから紹介する縁と粋の「伝える」「生きる」「変わる」「超える」場面でのグローカル経営を真に理解していただける基礎や土台となる。これからお読みいただける「経営随筆」が、以上の序章1と2のガイドラインに沿って展開するが、いまだ見ぬ土地へ旅する楽しみで各章をお読みいただければ幸いである。「縁と粋の経営」に長いおつきあいを願いたい。

第Ⅰ部　伝える縁と枠

経営随筆は、なにかを「伝え・伝わる、また伝え続ける」読後の余韻である。そのなにかとは、例えば、着物の表に隠されている裏地のさりげない粋な柄であり、それを身につけている人の仕事への縁の物語である。このように「伝える」縁と粋は、相手に気づかせるさりげないことだが、だがあえて言わないと伝わらない縁と粋もある。いうならば、過去と現代を〝擦りあわせて〟、そして未来の場づくりに縁と粋の夢がある。「伝える・伝わる縁と粋」を次のようにあえて言葉にする経営随筆の事例を紹介したい。この事例を一緒に考えていただき、読者自身が〝伝えたい・伝わる〟「縁と粋」へのおもいを探してもらいたい。

経営随筆・縁と粋の感動日記から——その1

草履に着流しの新聞記者

和服文化の自由と民主の顔

古い流儀にも厳然たる真理があるものだ！　某新聞の「人」欄に紹介されたことがある。そこで出会った新聞記者の古い流儀を振返り考えてみよう。草履（ぞうり）を履き、崩れた風に和服を着流す（きながす）この記者の風体が鮮明な記憶となり、わたくしの中に生き続けている。一九六〇年代のこの和服姿の記者の思い出が、今にしてなぜか強くわたくしの心のなかに居直り続ける。

彼は、時代に逆流するかのように文士風で、その新聞社の近くの料理店・アラスカに現れた。そのときの新聞社は東京の有楽町の駅脇に立地し、今の百貨店マリオンあたりにあった。わたくしがアメリカ留学からの帰国後の出会いで、日本経済の復興に弾みがかかっていたころの想い出である。

この草履に着流しの老齢の記者は、和服文化の自由と民主を顔にし、なんとも言いようのないゆとりのある振る舞いであたりを和らげていた。ほかに同行するその新聞社の人もいて、この人は通常の背広姿でこの草履に着流しの文士風の記者を束ねている様子の話し方をしていた。わたくしの目の前に両者の並ぶ姿が、なんとも不思議な新・旧の時代模様を映し出し、〝グローカル・にっぽん（日本）〟をリアルに浮かび上がらせていた。「現代と伝統」、「便利と不便」、「張りと揺らぎ」、ついでに言えば、職場の中の「合理と非合理」の奇妙な取り合わせに、わたくしは感動した。「伝える・伝わる縁と粋」のイメージが、ここアラスカに現れたのである。

自分の仕方で、日本文化の誇りを主張

おもうに、グローバル化とは、例えて言えば、普遍化した〝西洋風の背広姿〟で象徴されるように、職場を含め無駄のない仕事着を是とする日常生活の合理化といえる。それはそれとして、その時の草履に着流しの記者姿をグローバル化の現代に移し換えたら、どう理解したらよいだろうか。約半世紀前の話なので、その時の記者がわたくしに「伝えたかった」縁と粋の感動グローカル・にっぽん、即ち、〝草履に着流し〟のクール・ジャパンの起源を今にして推理するしかない。

肩からの力を抜き、わざとらしさの格好もせず、草履に着流し姿は、その記者にとって自己を形にする日本人の生き様であり、日本文化の誇りを無意識に演じきっていた。国民が国民としての生きる自分探しは、確実に日本を感じる何かの見えるモノ・ゴトの品格である。

同じような個人の文化主体の主張は、ほかの国にもある。例えば、ある国の首相が祖国の文化を象徴する衣服をまとって映像に現れると、その国の首相の闘いと安らぎの気構えをその容姿から感じとれる。そして、この首相はどこの国にもある背広姿の世界に背を向けて、自国文化の主体性を失うまいと胸を張る。

この首相と記者の表現する文化の主体性は、一見同様にみえるが、草履に着流しの記者は、報道関係のその場のつくりごとの政治家の演技ではなく、日常性の生活リズムに溶けて身についている日本文化を表現する。彼は、むしろ自分の仕方で、日本文化の誇りを身に着け、現代に生きる職場の生き様を、日本文化の素顔で主張していた。言うならば、にっぽん（祖国・日本）を基軸とするグローカル文化主体の自己を失うまいとし、その精神の自律性と人間性を、迷うことなく他へおかまいなく発信していた。

職場で日本文化を孤独に主張するには勇気がいる。しかも時代の流れに棹をさす逆行の勇気は、集団の流れに刃向かう悲哀にちかいものがある。だが、この草履に着流しの記者は、古い日本文化の擁護者であり、同時に、現代のクール・ジャパンを先取りしていたのかもしれない。わたくしは、この草履に着流しの記者の何に感動したのだろうか。その黙して伝える縁と粋の起源は、個人の伝統文化へのこだわりであり、その生き様の証である。そのこだわりには、遊びともいえる揺らぎがあり、規則では縛れないクール・ジャパンの歴史と自然を伝える縁と粋の美学がある。

〝開き直り〟のグローバル人材

草履に着流しの記者は、その逆説スタイルに秘めた変革への真意を理解されず、変人か、奇人か、目立ちがり屋の類に扱われるかもしれない。しかし、彼が失うまいとしていたグローカル・にっぽんの誇りを日本人そのものに自覚させ、日本の欧米化への歯止めよりも、欧米化を包み込む日本文化の精神の高揚をめざすものとして、わたくしはこの記者の文化主体性を理解したい。いうならば、草履に着流しの姿・形が、日本文化を超境界的な世界のものへと昇華させることも可能である。彼は、そうした意味のグローカル・にっぽんの意気込みを控えめに表わし、わたくしに伝えようとしていた。

その精神は、草履に着流しの和服日本が、背広スタイルの集団活動の姿・形にならなくても、集団の精神が誤った方向へ引きずられるべきでないとする、〝開き直り〟の自己主張である。グローバル人間の内心の自由を見える化にすることとは、こうした奥深い市民意識から芽生える。日本伝統の生活文化が、グローバルな感動の価値へと進化する事例は他にもたくさんある。最近の事例では、和食文化、富士山の自然も、そして旧富岡製糸工場も日本発のグローバル感動の価値である。その変革の機会に気がつけばそれでよしとすることが、おそらく彼の冷静な開き直りで、自然の振る舞い（Cool Japan）だと、わたくしはそう解釈している。

草履に着流しを、気に留めない記者の開き直りは、取材の現場を陰で支え、未来の場づくりをめざし、伝統と現代を未来に繋ぐ〝架け橋〟の存在であった。約五〇年前の彼も、今はやりのグローバル人材のイメージの一人であったにちがいない。わたくしはこの記者からの〝さりげない〟（クールな）縁と粋の日本文化の発信とその勇気をわがこととしたい。草履に着流しのこの記者が言葉にしないで伝える縁と粋を肝に銘じて忘れず、〝その身なりに生きている〟「日本文化の縁と粋」との出会いの感動をここに後世に伝えたい。

その後も背広姿のわたくしが草履と着流しの記者から学べた想い出をまとめてみれば、日本人としてのわが自己主体性を世界に誇れるグローバル人材とは、「他者の目を気にせず温故知新のわが道の縁と粋に生きること」。わが道の縁と粋で結ばれる相手と自分は、創造的破壊で、〝未来の場〟を相互に共創し、そして共生できる生命連鎖のあるべき世界を伝える人間存在である。

そのためには、グローバル人材にとっての自己変革が求められ、先ずは本物のローカル人材になりきり、それまでの地べたの性質に還る努力を続けて休まず、そこから真のグローバル化への脱皮成長である。蝉は地上で脱皮するまでに、地中に三年から一七年間耐えている。最近の中国の成長振りの背景には、韜光養晦（とうこうようかい／力のない間は闇に隠れて力を養え）の教えが生きていた。伝える縁と粋には、耐える生き方との共生が見えない場で続いているものだ。

経営随筆・縁と枠の感動日記から──その2

小説家・安岡章太郎さんの訃報

芥川賞受賞作家の安岡章太郎さんの死を新聞で知った。批評家としても文壇の評価が高かった安岡さんは、文章づくりのお手本のような方で、一九五五年著の「サアカスの馬」が国語教科書に採用されたことがある。また、芥川賞をはじめ大佛次郎賞や伊藤整文学賞の受賞者でもある。ご本人は、拙著『わが家の日米文化合戦』（ＰＨＰ出版社／講談社）の新評賞の選考委員を務められていた。

新評賞の授賞式が東京会館で行われた時、はじめてお会いした安岡さんは、わたくしに「小説家になりなさい」と、さりげなく言われた。わたくしは一瞬驚き、なぜわたくしにそのようなことを言われるのか、その真意はわかりかねていた。その時のわたくしの生活は国立大学の助教授で、アメリカ生まれの家内と四人の子供を抱えて、貧しさを顧みず世界を飛び回り、海外での現地研究にその生き甲斐が満ち溢れていた。もちろん小説家になれるような才能があるとは思ってもいなかった。

安岡さんの言葉にどのように返事したのかは覚えていないが、その時のわたくしの心境は小説家になったら子供らを養えないし、折角得た大学の職を失っていいものかと、そういう不安の思いだった。安岡さんの訃報が、わたくしに自分の生きてきた過去を反省させる機会となる。小説家も大学人も、専門職業のプロフェッショナル。さりとはいっても、小説家の安岡さんは組織の拘束に苦労せずに、より自由に生き、その作品を通じて大衆と直接につながっていた。それとは別に、大学人は限られた組織と閉ざされた人間関係の範囲内での教育・研究を掘り下げる仕事が日常のリズムである。

小説は人の心を捉える。学問は人を育てることにある。いずれの生き方も、少しでも社会をよくしたいという思いとその行為は同じではある。死せる安岡さんの小説は今後とも読み継がれて、その作品は生き続け古典になるでしょう。わたくしの著書も今はその命がひ弱でも、一〇〇年後に誰かが発見するかもしれない。命を形にする学問の持続をわたくしはそのように期待している。

小説も学問も、その者たちの生き方、〝生の営み〟（経営）にちがいない。その命の形の感動を伝える安岡さんともっと親しく接し、教えを乞いたかった。せめてものお悔みの気持ちから、安岡さんの墓標ともいえる彼の主たる作品をわたくしの心の中に並べてみた。そこでの自覚は、作家の死が、学者の生を甦えさせる。そして、その学者の生きる情熱が、死せる作家の魂を目覚めさせる。死は生となり、生は死となり、その無常も地球持続の情熱（エネルギー）となる。

経営随筆・縁と粋の感動日記から——その3

王貞治選手の男気

感動の日本人、チョッペイ先生

早稲田実業の校友会の折、プロ野球の王貞治氏、通称のオーさんの背後で校歌を歌った。宴も終わりに近づいたころ、オーさんも立ちあがり、卒業生一同と声を揃えた。その日は二〇一三年の正月気分もまだ抜けきらない大隈講堂の裏手にあるホテルでのことだった。

オーさんと出会う機会があれば直接に聞きたいことを以前から胸にしまっていたので、そこで念願の質問を彼にしてみた。

「恩師の山口直平先生が、卒業後の君に残したものは何だったか?」

背広姿の彼はしばらく考えていたが、一言、〝男っぽさ〟と力強く言ってのけた。その言葉にわたくしも迷うことなく共鳴する何かが心の中を走る。担任の山口直平先生は、チョッペイ先生の愛称で呼ばれていた。わたくしもここでは、そう呼ばせてもらうご無礼を故・山口直平先生からお許しをいただき、これからの話を進めるとする。

チョッペイ先生は、多くの学生や卒業生だけではなく、先生方からも慕われていた早実の顔で、豪快柔軟かつ沈着冷静の名物先生の存在だった。わたくしらの高校三年間の面倒をみて卒業させたあと、その年の春に新入生のオーさんらのクラス担任になる。だから、オーさんもわたくしも同じチョッペイ先生の弟子で、三年ちがいの先輩・後輩の関係ということになる。

チョッペイ先生は、水戸藩士だった武士の誇りを隠し持つ、気後れしない〝男っぽさ〟でわたくし共にいつも接して、ときどき「忠臣蔵」の講談や、「問答入り・安宅勧進帳」などの〝能がかり〟の唄を聞かせてくれた。今にしておもえば、男の生き方を感動の劇を見るような感じで教える戦前派の先生らしかった。修身の授業は戦後なくなったが、チョッペイ先生の授業には、わたくしが戦前・戦中の小学校で教わった修身の中味を新しくする、感動の日本の古典の物語があった。

大石内蔵助らの忠臣蔵・四十七士のそれぞれの男の物語、そして「勧進帳」の義経、弁慶、富樫の三人の男らしさの真骨頂を、女の席のない早実生は夢中で聞いていた。登城人物が総べて自己犠牲を演じ、残酷にして崇高な愛を胸中に秘め、そして強さの中も優しさを隠し持ち、弱者への侠の精神を重んじる反骨の正義を貫いて死ぬ。そういう類の〝男らしさ〟の無常観が物語には満ち溢れていた。

オーさんやわたくしらのクラスの者たちにとっての〝男らしく〟生きるモデルを、チョッペイ先生は庶民の心に生き続ける江戸の町人文化や、武士の精神を下敷きにして、義理・忍耐の教育話に作り替える講義をしていた。わが国の戦後の変革の時代精神を歌舞伎や講談、そして謡曲、義太夫、新国劇や浪花節の世界になぞらえて、失いかけていた日本人の崇高な精神を求めていたともいえる。もちろんチョッペイ先生は根が国文学者だからこそ、日本文学や日本史の内側からの〝男らしさ〟の美学を、生徒の未来の日本人像として作り出していたのかもしれない。

未来の場づくり精神

わたくしはチョッペイ先生の残した教育効果を知りたかった。高校生活のオーさんにその心をつくり、その後のオーさんをプロ野球の世界に歩ませ、彼を大成させた学校教育はなんだったろうか。そこでの発見は、オーさんの心の働きに残る、チョッペイ先生流の教育である。それは、自他相互関係に、「思い・思われる」「観る・観られる」人間性の美の世界を信じ、〝自己犠牲〟を人生の感動や人間愛とする揺るぎない気骨であった。

悪縁も良縁も含めて、総てに繋がりのある社会を働かせてこそ自分の働きも生きられる。だからこそ、そうした〝男らしさ〟のボス的な魅力の人間が、今の世間に求められている。今は亡きチョッペイ先生の教育の本質には、敗戦を超えて新しく生きようとする若者たちに〝やる気〟を起こさせるために、歌舞伎芝居に潜む権力者への反骨の気構えと、抵抗の精神に求めてやまない、実力づくりそのものであった。

総じていえば、チョッペイ先生の教育論は、それぞれの分野での実力を重視し、わたくしどもに〝未来の場づくり〞への精神を教えていた。また、今様に言えば、チョッペイ先生は世界に通用する人づくりを目指していた。持続する実力を基盤にして、他への思いやりの精神を尊び、厳しさの中の人間愛を実践し、そして去華就実の精神で柔軟に生きるグローバル人間像を彼はイメージとして描いていた。視点を変えて言えば、自己犠牲の男の粋を誇りとする「男っぽい死生観の教育」をチョッペイ先生はその「師道の信念」で組み立てていたともいえる。

そのことを、韓国在住の戦前の早稲田実業の卒業生たちから教えられたことを紹介しょう。高齢でもまだ健在な彼らは戦前と戦時中の日本での留学経験を通じてチョッペイ先生の印象をこう語ってくれた。

日本留学の面接試験でのチョッペイ先生は「君は健康か」の一言だけ質問してくる。「元気です」と答えた受験生への合格通知は、その日のうちに宿泊先の東京・汐留の旅館の女将さんに届き、その女将さんから玄関先の「おめでとう！」という言葉で受験生へ伝えられた。韓国への帰国前の受験生に一刻でも早く合格を知らせてやりたいとするチョッペイ先生の心配りである。

戦時中の早実は、学内での軍事教練の一方で、時流に反して敵国語である英語教育もしていた。「日本が戦争で勝ったら英語が必要だ」という論法で、当時の早実の国際教育には独自性があった。その一方でチョッペイ先生は、日本軍隊に徴兵される韓国からの教え子たちにこうささやいていた。「戦争で死ぬな」「君らのお国のために役立つ人間になれ」「日本での勉強を生かす時代がやがて来る」。チョッペイ先生の死生観と武士道は、死ぬ誇りよりも生き抜く勇気と決断の男らしさであり、時流に流されるようで流されまいとする柔軟な自己主体づくりの教育信念である。チョッペイ先生の周辺には、早稲田大学創立の本流を残す国際人ら、例えば、戦前の三菱財閥の縁で海外生活の長い経験のある浅川栄治郎校長らがいたこともあり、時代の流れを読み取っていたのだと思う。

沈黙が最高の雄弁、感謝への親父の教育

オーさんの言う〝男っぽさ〟とは、スポーツの世界での勝敗を決める価値観として一般的に理解されている。だが、その勝敗の価値観は、その時、その場の一時的なものではなく、普段の生活のリズムや精神構造とつながりにある。例えば、「負けることも勝負のうち」という逆説の真理もある。オーさんの持続した野球人生にも、その逆説の真理を含んでいるのではないだろうか。

戦前に一龍斎貞丈らの講談師らを輩出した早実の弁論部を戦後復活したとき、部長のチョッペイ先生はわたくしに教員室でこう教えてくれた。「沈黙が最高の雄弁だ！」その意味の解釈には長年悩んだが、この年になるとわたくしに「間（ま）の取り方を学べ」という教えだったと悟れる。チョッペイ先生は、わたくしのせっかちで、早口の江戸弁と、その気性の限界を知り尽くしていたと思う。歌舞伎に

造形の深いチョッペイ先生は、「間が魔である」逆説の真理を、禅問答のように私に問いかけていたのである。

それはそれとして、オーさんを世に出した教育は学校のみではありえない。オーさんの家族生活と、その地域社会にも人間形成の教育があるはずだ。オーさんはスカイ・ツリーのある業平橋周辺の東京下町で生まれ育っていることを思い出した。

「君の家族が、今の君をつくるのにどういう教育をしたの・・・?」

という内容の問いかけも、その場のオーさんにしてみた。

彼はよどみない言葉で堂々と答えてきた。「〝感謝する〟ことへの親父の教育だ」、「お客さんのおかげで家族は食べていける」「野球選手になっても、親父の教え通りファンへの感謝の気持ちを持ち続けた」、と彼は話を結ぶ。早実の生徒には、下町の商家の子弟が伝統的に多いのが特色である。オーさんのイエの生業・家業もそうした下町の生活文化に包含されている。その話からわが子にお客への感謝の気持ちを徹底的に教えたオーさんの父親像が偲ばれ、そして驕りたかぶらない謙虚さのオーさんへの強い印象がわたくしの心にいつまでも残っている。

経営者とは、「男気、感謝、謙虚」

一流のプロから学べたグローカル・マーケティングの原理がここにある。それは、顧客創造と顧客満足への持続する感謝と謙虚さの姿勢と、決断する男気である。オーさんの変わらない〝謙虚さ〟は、親譲りの人間性で、お客さま、そして地元のおかげで生きられるビジネスの基本精神といえる。彼の〝感謝〟の精神が、自己革新と己の成長を産みだす原動力となる。彼の〝男気〟は、筋道のある直観で、素早く動き、単純明瞭な生き方を善とする。

同窓会で相手との格差をつけずに話すオーさんの名刺の肩書きには、「福岡ソフトバンクホークス株式会社取締役会・会長　王貞治」、とあった。海外生活で日本不在を続けてきたわたくしは、そうか、今のオーさんは、会社の経営者なんだ！と知り愕然と驚き感服した。「男気、感謝、謙虚」が、野球を超えて経営者のホンモノの肩書きだと、オーさんから教えられた。同時に、一流の人間が伝える縁と粋の感動とは、男気、感謝、謙虚のこうしたプロの精神でつくられるものだということを彼から学べた。

さてこの辺で、オーさんから学んだ話を締めくくるとしよう。野球の選手も経営者も、グローバル・プレーヤーである。そのグローバル、すなわち、地球規模全体の意味で捉えた、最高位のプロフェッショナルな能力は、最初の段階で地域特性のローカルから出発し、その次の段階では振幅のある中範囲のグローカルへとその能力を積み上げ、最後の段階での実力はピラミットの頂点に立ち、他に世界規範と世界最高の理想の目標を示し、超越した権威を証明する能力へと進む。世界を驚嘆させて多くの賞を獲得したオーさんの実力は、その意味でまさに世界規範となるグローバル・プレーヤーの実力を証明し、同時に、グローバル・リーダーの能力標準を確立してきた。例えば、ローカル日本では「国民栄誉賞」に輝き、グローバル地球規模では「世界一のホームラン王」となり、日本野球のチームを「世界優勝の栄冠」へと導いた。それでも、謙虚なオーさんは、日本を起点に〝グローカルな〟文化主体である。混乱や紛争を乗り越えて揺るぎなく持続するオーさんの文化主体性は、わたくしどもに地縁と大衆と共に生きる勇気と情熱をくれる。オーさんが伝える縁と枠の感動モデルは、わたくしどもにとっての見える形のモデルとなる。

オーさんの生き方から、「男気、感謝、謙虚」の言葉に集約された、縁と枠の心が素直に伝わってくる。彼の話し方から伝わる縁と枠への目覚め、悟り、そして結果は発見だけでなく、未来の場づくりへの縁と枠の発明が、いぶし銀のような光の感性と忍耐強さを漂わせて、伝えられてくる。

地にシッカリ足をつけ、世界の実力となる縁と枠にまつわるオーさんの哲学と戦略は、地と天を結ぶロマンである。その一方で、オーさんのリアルな実力がある。チョッペイ先生の口癖だった「実力をつけなさい」とは、プロに生きる人生には、総ての事象に直面するとき、右足・左足の対称性のように〝二つが一つ〟、即ち、自他関係を超えたレベルでの〝もう一人の〟自分の集中力と安定力が求められる。例えば、野球に生きるオーさんの一本足打法は、〝二つが一つ〟の自他融合の能力の主体で、それこそがプロの比較優位の伝え・伝わる実力である。

本物のプロを育てたチョッペイ先生は、オーさんの〝二つが一つ〟の「理念」と「行動」とを結ぶ思想の世界で今も生きている。伝えられたチョッペイ先生の教育理念、即ち、「〝実力〟をつけなさい」という信念の言葉を想い起こしながら、わたくしは早実の応援歌に声を揃えて宴を終え、同窓の北島洋次郎君（日経新聞社友）を誘い街に出た。

経営随筆・縁と粋の感動日記から――その4

世界に飛び立つ和食文化

国境なき和食文化

「日本食」と「和食」とでは、その意味に違いがあるだろうか。松下は、〝ナショナル〟(国民)からパナソニックへと社名を変更した。ナショナルだと古い日本の国内文化へのこだわりが強すぎるのかもしれない。同様に最近では「日本食から〝和食〟へ」と、その言葉が変わってきた。なにやらわが国の「縁と粋の和食文化」を世界商品に磨き上げようとするビジネス・モデルの変化もその変更から感じとれる。世界に開かれた和食文化を見直し、新しく伝えることが問われてきたともいえる。わたくしにとっても、この和食文化との共生リズムはかけがいのない価値あるものだ。

なるほど、和食の言葉の響きには、日本文化に〝固有な〟縁と粋の高級感が漂う。だが、和食とは料亭の懐石料理をおもわせる優雅さだけを意味するのだろうか。定かではないが、和食について次のようなことをわたくしなりに考えている。

まず、ローカルからグローバルへ進化してきた和食文化の変容を体験するにつけ、和食文化の伝え・伝わる感動とは何かを外国人の感性で知るべきである。そこで、とりあえず、日本人も外国人も好きになれる海外で現地化した和食を、「〝国境なき〟和食文化」または「〝グローカル〟な和食」と定義して、これからの話を進めることにしよう。

アメリカ生まれの妻は、結婚生活五〇年経てもやはり日本食は苦手だ。彼女は日本食の素材を使い分けができず、料理する方法にも馴染めず相変わらず苦しんでいる。できたらすべての家庭料理を、洋食にしたいのが本音かもしれない。その現実は、年を取るにつれて日本語よりも故郷の英語が自然に出てくる状況と似ている。日本食にこだわるわたくしにつきあってきた彼女の日本食人生には、その悲哀への同情を超えてその我慢強さへの賞賛のみである。

彼女と出会った一九五〇年代のニューヨークには、日本食のレストランが三軒くらいあった。その頃コロンビア大学の脇のアムステルダム街から一寸引っ込んだアパート（日本で言うマンション）に〝安芸〟という名の日本食レストランができた。ご主人が日系アメリカ人で、料理のできるおかみさんが広島出身の威勢のいい人だった。当時マンハッタンのフルトン魚市場でアメリカ人が食べないで捨てていたようなマグロのトロが、安芸の名物になり、キッコーマンの茂木友三郎君を誘って食べに行ったことがある。その店の娘さんが大学で禅を教えていた鈴木大拙先生の助手となり、彼女の結婚が遅れている心配ごとをおかみさんがわたくしによくこぼしていた。

日本人は海外にいても、〝現地化した〟和食との縁を切れない。ニューヨークの孤独な正月を、安芸のおせち料理と雑煮で独り祝ったそのときの〝和食文化の気分〟はなぜか忘れられない。その気分とは、マンハッタンで祖国・日本のほっとする〝和食文化の気分〟を感じたことだった。それ以来、外国旅行で現地化した和食の味をとやかくいうことは野暮だときめつけ、外国でのほっとする〝和食文化の気分〟（雰囲気）のみを味わいたく、いろいろな国や都市で、日本食のレストランを探し飛び込み、そして同行の妻に無駄遣いと批判される。それでも、海外での日本のレストラン探しが、その地の国民の日本文化への理解度を推理でき、現地での情報収集の糸口となる。

外国での和食文化の気分を楽しむことは、わたくしだけではないようだ。現地生活での闘いに疲れ、自己を取り戻そうとして、和食文化の気分を求める日本人は、世界中どこにでもいる。さて、その気分の正体を少し掘り下げてみるとしよう。

和食文化の気分

約四〇年前のことだが、サンフランシスコの中華街に、日本の〝札幌ラーメン屋〟が開店した。金融街で働く若い白人のプロフェッショナルたちが狭いカウンターに群がっている風景に不思議な感じがした。それと同じころ、ニューヨークでは、白人女性の客が連れだって寿司カウンターに座り、板前の寿司を握る手捌きをジッと見つめて感動している風景を、そばでみていたこともある。

つい先ごろ、娘の学友で「ニューヨーク近代美術館」に勤める美術研究者が日本に初めてきた。彼女も、〝小江戸〟と呼ばれる利根川沿いの町、佐原の川端にあるイタリア・レストランで、その店のカウンターに座りたいと言い出した。

カウンターの先の板場が、アメリカ人にとっては〝見える〟舞台であり、そこで働く料理人の動きが芝居や演劇に見えるようだ。カウンターの椅子が観覧席となる。なるほど、中国料理や西洋料理の店は、客に調理場をみせない。一方、日本の寿司屋、焼きとり屋もそうだが、和食文化には料理人と客とが直結向かい合える〝ば〟（場）がある。

日本でもアメリカでも、寿司屋のカウンターに座る客は、板前との対話を楽しむ。食文化とは胃袋だけ満たす場だけではない。食事の場には、食文化の風景があり、その風景が、和食文化の気分をつくる。和食の客は、その店の構えを好み、その場に働く人たちのサービス精神（もてなしの気遣い）を期待し、できるなら対話できる風景を味わいたい。例えば、寿司屋、料亭、クラブ、旅館、温泉宿、ホテル、レストラン、居酒屋、コーヒー店、ラーメン屋、劇場、美術館、ゴルフ場やリゾート、そして屋台や銭湯にいたるまで、対話のできる日本の食文化の場づくりには、どんなに小さくても自然や歴史を含めて美の風景を味わう気分が融合している。いうならば、対話づくりに色を添える技芸がある。

日本の和食文化のもう一つの特性は、〝場の賑わい〟である。例えば、世界中に寿司屋が連鎖的に拡大した理由の一つに、日本の学生の居酒屋での大騒ぎの飲み会、〝コンパ〟にあるといわれている。その真偽はたしかめられないまでも、わたくしが教えてきたゼミ生たちは、大学周辺の飲み屋でなにかにかこつけ群れをなし、ワイワイ、ガヤガヤ、未開民族のようにハシャギ、その青春を謳歌し、胸襟を開き対話できる共同体の縁と粋（生き、活き、意気、勢い）の感動を発散する。

日本の若者がガヤガヤ、ワイワイと酒の類を酌み交わす和食文化の気分を、海外からの留学生は唖然としながら見つめ、かつ共同体験する。そして母国の対話文化のあり方を見直す。外国人が求める日本発の和食文化の気分とは、旨い安い健康食の魅力だけではない。人間関係に壁や溝をとりのぞける自由な対話の風景を求め、人間どうしの交流を真っ直ぐなものにする期待である。日本食そして日本酒の世界化現象のルーツには、人間を平等にする風景がある。

若者文化とは別に日本の料亭にも、風景のある和食文化がある。料亭には縁と粋の感動に生きる和食レベルを高度に創り上げ、それを伝えてきた先人たちの職人芸には舌を巻き驚く。料亭文化の対話環境の良さが、より良い人間関係と意見交流の場になることも、経営者や政治家たちは心得ている。

〝おもてなし〟の和食文化

日本経済が「資本の自由化問題」や「アジア太平洋地域の現地問題」に直面していた頃、東京で日本の大企業や経済同友会の経営者連中から、新橋や赤坂などの料亭のお座敷に招かれたことが数度あった。わたくしの専門知識が、お目当てだった。その時は昔風の〝教え・学ぶ〟「対話の風景」が、料亭の見事な和食文化の感動をつくっていた。建築と庭園の美学、食器類の威厳、調度品のわび・さび、そして〝おもてなし〟の日本の古典芸能文化と洗練された食事に酒にサービス精神。なかでも一番感動した想い出は、間（ま）の取り方の巧みさである。例えば、女将や仲居、そして玄関番から運転手にいたるまで、そのサービスの流れと間（ま）のとり方によどみがない。そこを利用する経営者たちは、おもてなしの和食文化を情報収集の手段とし、〝対話の風景づくり〟に知恵をだす。伝統の会社文化は、緊張を解く和食文化の気分を戦略的に使いこなすことである。日本を動かす大きな器（うつわ、人物）と、こういう場で出会えたことが、その後のわたくしの学問をより深めていた。

ニューヨーク、シカゴ、パリ、そしてジャカルタやシンガポール、もちろん北京でも経験したことだが、多くの海外の都市で、対話の風景をつくる和食文化が平和外交の手段となり、民間レベルでの草の根外交に繋がる。スウェーデンの首都ヘルシンキでの経験だが、日本大好きなスウェーデン人が日本レストランを不器用に営んでいた。それでも、その店にはスウェーデン人に愛される日本が形になっていた。このように日本人の少ない地域でも、現地化した和食文化が感動の交流を演出している。

海外での和食文化の構築から、外交や経済の〝未来の場づくり〟が産まれるのでそうした創業努力を大切にしたい。これまでその場づくりには、多くの名もない日本人のおもてなし精神が、和食文化で地域の国際交流を広げ、無意識の平和外交を草の根のように演じてきている。南米のリオデジャネイロで探し飛び込んだ場末の日本レストランで、そのことをリアルに実感したことがある。その感動がわたくしの中に今でも生き生きとしている。その店のオーナーは、長野県出身の国際交流事業団（ＪＩＣＡ）の元社員だった。そこでのグローカル・にっぽんの感動は、信州名物の野沢菜の漬物で、わたくしはその貴重な味を心ゆくまで噛みしめた。

ついでに言えば、海外で大使公邸で味わった特別な和食と日本酒は、その後の人生にかけがえのない意気投合の仲間関係をつくれるものだった。若い議員時代から世界を視察していた安倍総理もその恩恵の一人にちがいない。アベノミックスの仲間がそのことを物語る。

本物と偽物の和食文化

絵画などの芸術作品に本物（ホンモノ）と偽物（ニセモノ・コピー）があるように、和食文化にも、ホンモノとコピーとがある。本物か偽物かの見分けの難しさは、ブランド商品についても同じことがいえる。コピーが世界に横行する背景には、庶民の人間心理がある。本物のルノアールを持てなくても、せめてコピーのそれをわが家に飾りたいとする、そうした類の芸術感性は捨てがたい。

が、偽物のルイビトンが、堂々と売られているマーケットも外国にはある。商標権や著作権、ノーハウや特許、さらには意匠登録も無視され、法的規制が役に立たないお国柄もある。そんな状況で本物の和食文化はその独自性をどう護り、どう持続させていけるかの問題認識も生じてくる。

世界遺産に登録される和食が、特定の場所や施設に付随するものとして認定される場合だとすれば、〝和食の固有性〟は理解できる。だが、和食の世界遺産がその料理方法だとすると、和食のグローバル競争が始まり、日本の相撲に横綱がみんな外国人ということと、同じ現象になることも予測できる。それはそれとしてウィンブルトン現象（自国だけの特殊性ではなくなり、世界的な次元となる）が、和食のグローバル化を否定できないものにする。フランス料理、中華料理、イタリア料理もそのように現地化し、国際化してきた。

それでも、ある国ではその社会の高度化と良質化に連れて、〝和食文化の良質化〟と出会うことがある。例えば、シアトルの上流階級は、日本の寿司屋のカウンターで、本物の寿司を注文する。そしてその味を仲間に語れる差別化が、上流階級の地位の証（あかし）となる。階層化された社会のなかでの文化的エリートとは、本物の寿司の味を知るものたちのこと。所得格差から文化格差への変遷の中に、本物の寿司はアメリカの上流階級を抱え込み、進化してきた。その一方で、アメリカの大衆層や中間層が、日本からの回転寿司に群がり始めた。アメリカの自由と平等の文化は、寿司カウンターできゅうり巻とビール一杯の客にも日本の和食文化の雰囲気を楽しませる。

日本からの本物の寿司文化がアメリカに定着するには、高度化と大衆化の二つの道がある。また、〝本物と偽物の〟「日本の寿司とは何か」、同様に、〝本物と偽物〟の「アメリカの寿司とは何か」を、自問自答するようになる。

例えば、ニューヨーク・マンハッタンの街は常に新しく変化する。アメリカの現地文化の高度化・良質化、そして大衆化・格安化に貢献する和食文化の進化の軌跡がそこに見られる。今後は和食文化の高度化・良質化のみならず、その大衆化・格安化への進化に歩調をあわせた、日本から海外への大型投資が望まれ、現実問題になるだろう。また同時に、国境を超えた縁と粋――感動を伝えるグローカル・にっぽんの和食文化も期待できる。

日本の和食文化が、アメリカの産業文化として不完全に定着している現状は否定できない。日米間に本物どうしの交流とは別に、偽物どうしの交流もあるからだ。その偽物が現地化の魔術で、本物と〝みなされる〟ことがある。いわゆる〝現地的につくられた〟寿司、「グローカル寿司」の存在である。その未来図をつぎのように考えてみた。

偽物が本物となる

寿司は、その起源に遡れば、大衆庶民のものである。江戸時代に風呂屋の前の屋台がその原風景で、庶民がその日の仕事を終え風呂屋で汗を流し、夕食前の小腹を少し満たす役割を屋台の寿司はしていた。海外で非日本系の寿司屋と、日本からの回転寿司屋の台頭は、そうした意味での〝大衆庶民の手軽で安価な〟「屋台寿司」の食文化の起源に還って、アメリカでの顧客創造と顧客満足を勝ち取ってきた。

翻って考えるに、日本での高度化と良質化した現代の高額寿司が、本物といえるかどうか。寿司の庶民性の起源を下敷きにしてものごとを改めて考えなおすと、そのことが気になる。ことによったら、本物とみられている現代日本のべらぼうに高い値をとる寿司屋が、グローバル規範からみると偽物かもしれない。特に、日本での会社の接待用の寿司屋の値段が、世界の常識を超えた高嶺の花として批判される。説明しきれない寿司ネタの神秘さや、寿司職人の芸術感性を、海外の人々が充分理解できないからである。

本物と偽物の起源を知らない大衆庶民は、生まれて初めて寿司を食べた経験を〝現実の寿司〟とする。本物と偽物の区別がつかないまま、寿司の値ごろも按配もよく、旨ければそれでよしとしてきた。海外で展開する大衆寿司、すなわち、庶民向けに〝つくられた〟寿司が、日本の寿司文化の一般的な常識を知らないところで定着し、そして、アメリカで〝新しく生まれた〟寿司や和食文化として、日本へと逆輸入されることがある。

日本に一時帰国したとき、千葉県内の回転寿司屋で、カリフォルニア巻寿司が目の前に回ってきた。わたくしは仰天し、一瞬息を呑んだ。その一方で、女性が男性に酒を注ぐ粋筋の風景を、京都の祇園界隈の割烹で見ることもある。京都の大学教授がその「艶やかな風景を〝酒の肴にして〟」、酒を楽しめる日本の和食文化の粋（艶っぽさ）はあいも変わらず残っていた。

和食は、美的感性の雰囲気を除けば、その素材とそれを扱う技にある。アメリカにはより多様な人種と食材があるので、当然なことだが、そこには豊かな自然の素材と人間の技と叡智が集まる。それ以上にあるもの、それは和食を心から楽しむ多様な客筋、すなわち、〝客種〟（きゃくだね）の面白さである。

メキシコの国境に近いサンディエゴの町で、地元一番と評判の寿司屋に飛び込んだときのことを紹介しよう。日本の和食文化を、その町の人々は和気あいあいと心いくまで楽しんでいた。日本からの板前連中は、アメリカの辺境の都市にグローカル化したニッポンの寿司文化の感動を多様な客にシッカリ伝えていた。わたくしはその仲間にはいりアメリカでのグローカル・にっぽんの和食文化の自分を取り戻すことができた。もちろん寿司につきものの旨い日本酒と・・・。わたくし自身がもう一人の地元文化を楽しむ〝客種〟を演じきって・・・。

その場の和食文化とは、日本もアメリカも同じだというグローカル・にっぽんの感動（カンドー）だった。わたくしがそうして伝える感動の想い出の寿司屋には、日米を問わず「本物が偽物となり」、「偽物が本物となれる」、神秘な和食文化の魅力、すなわち、文化産業立国・にっぽんの変容する顔かたちが見え隠れしていた。わたくしの中の心象として居直り、海外に伝える・伝わる縁と粋の和食文化は、今やグローカル・にっぽんの〝巨大な〟文化産業のイメージへと変身している。そのイメージのふくらみは、ディズニーランドの夢とロマンに近づく庶民性と、誰にでも好かれる地域知能の素顔を感じさせるものである。

それはそれとして、私の中に持続する縁と粋の寿司文化は、値にこだわらず〝生き〟の良い季節の味で確かめられた職人技の代物だ。店構えも粋な味つけだが、その土地の気分も寿司の味を増す。その魅力にはわが血に流れ伝え・伝わる文化遺伝子が騒ぎたち、時には羽目を外して、失いかけたわが隠し持つ粋文化を取り戻す。もちろんその後のつけの偉大さには驚きも絶えない。だが、寿司の気分には値があってないものと、親から教わってきたわが家の江戸文化も続いている。

経営随筆・縁と粋の感動日記から――その５Ａ

縁と粋で、人間らしさを！

「縁」と「粋」の人生観

「縁が粋になる！」、否、「粋が縁になる！」。さて縁と粋のどちらが先にくるのか。あるいは、鳥と卵の関係のように、その前後の議論は無意味なのか。ここでは、縁とは何か、粋とは何か、そして縁と粋の両者の絆は何か、とまずは考えをめぐらせる。それからのちには、縁と粋が二つ一つの分けられない生き方なのだろうか、という問題を〝人間らしさ〟にひっかけて考えてみるとする。

結論を先に言えば、縁と粋とは、「深層の〝人間らしさ〟へと磨きあげた人生観であり、全人格形成への修行道である」。人間らしさの本質を伝える縁と粋は、技術革新や経済変動に連れて迷わない全人格形成の基盤となる。社会流動化の荒波の淵に立ち、見えない・診えない・観えない縁と粋の人間らしさは、消しても消せない無限かつ無量の光を放ち続ける。私欲や権力がまかり通る世上に流されることなく、縁と粋の思想は権力や地位の暴走を自然の秩序に還し和らげ、物事や事柄を縁と粋の起源に還させる。その起源回帰力は、自他相互関係の再帰性である。言い換えると、人間に伝え・伝わる無常観が人間の中に生きている小宇宙の存在、例えば、見えない力の因果応報や輪廻転生の世界観を、気づかせてくれる。

見えない「縁」・見える「粋」

着物姿の美しさや、見栄えのよい洋服姿は、万人にとって心地よいものである。この外観の〝見える〟「粋」の形が、内心の〝見えない〟「縁」の心と重なる場合もあるが、かけ離れていることもある。このことを事例で説明してみよう。新橋演舞場の界隈ですれ違う芸者の着物姿から、日本の伝統文化の粋を歩行者が一瞬感じたとしよう。そこで感じとった歩道の粋とは、「外観の粋」（形式美）を意味する。だが、その芸者の馴染み客にとって、道路で偶然出会う芸者の着物姿が、控えめの「内心の粋」（精神美）に見えるときがある。押し殺した全人格の粋が、公の道路を歩き、削ぎ落した機能美、すなわち「身についた」日本文化をそこに伝えてくる。

お座敷で注意すれば、芸者の伝統芸能のパフォーマンスから〝心地よい粋〟の発見に感動することがある。その「外観の粋」は、見る・見られる芸能世界で磨かれた、「内心の人間性」の表現となる。例えば、毎年開かれる新橋演舞場での〝東おどり〟に出演する芸者には、「内心の人間性」、すなわち、芸者としての〝人間らしさ〟を芸術表現する職場文化の「身に覚えのある」・「身にしみた」営みがある。その場は、〝見る・見られる〟、〝伝える・伝わる〟と開かれた関係で、観客を巻き込み芸者どうしが相互に技芸を磨き張り合う芸術表現が顕在化する。その場の縁と粋は、表層の外観を超えて、身と心が一つになる芸者の内心の価値を意味するものである。その内心の価値とは、それぞれが言葉にしない全人格で、その心身一体性は見えない糸に結ばれ、それぞれの粋（艶）で張り合う外観の土俵に生きている芸者としての〝人間らしさ〟の事柄であり物事となる。

無限なる「縁」

日本の伝統文化のプレイヤーとしての芸者にかぎらず、人生のプレイヤーとしての普通の人たちの縁と粋の位置はどうなっているのだろうか。思うに、縁と粋の感性は、自分と他人との相互依存や、組織の互恵関係から伝わってくる、見えない無限縁とのつながりの中にある。

まずは、見えない糸の「縁」が、見える形の「粋」（艶態）として現れる。例えば、女性の艶っぽさに、男性は女性との縁（愛）を粋（勢い）で張り合う。その見えない糸の「縁」の意味を悟るとき、男女は結婚するかもしれない。その後の夫婦は、縁（絆）を粋（生き）に磨く人生に苦楽を共にする。結婚前の男と女の縁と粋は、人間本能の自然秩序だが、結婚後の夫婦は、「共に生きる」意味の縁と粋を意識する〝人間らしさ〟の世界をつくる。

一人の人間として誕生した生命がより複雑に階層化する縁へと発展するのが自然である。たとえば、家族の絆、地域のつながり、学校との結びつき、職場の関係や趣味の縁などへと、人の生涯は、見えない糸で結ばれている無限の縁の中で成長していく。もちろん、国際結婚の縁や、海外で生涯を送る縁もあるだろう。

異なる組織のなかでの見えない糸への「縁」の感性が芽生え、そこで個人の価値観を育むように、人々は無意識から意識できるまでの縁の世界をつくり進化する。世界に定着した組織、例えば、世界宗教、グローバル企業、国際的に著名な大学のみならず、街の小さな居酒屋や田舎の小学校までが、それぞれ固有の縁意識を持つが、心を開けばその見える縁も無限の見えない縁の世界へとつながっている。

「粋」（いき）の冒険心

「縁の世界」と比べたときの「粋の世界」とは、どんな世界なのだろうか。叩き台としてのわたくしの答えを仮に述べれば、まずは「粋の世界」とは、組織の意識を抜け出し、自然に帰ろうとする〝人間復興への冒険心〟である。その冒険心は、個人の自律性とその創造力で成り立っている。だが、見えない糸の「縁」が、〝見える〟糸の「縁」に感じはじめたときには、人は見える縁の組織の締めつけを感じ、〝自由な見えない縁につながる粋な形〟、例えば、「自己のなかの無意識の神々や仏の存在」を夢みる。

さて次に「縁の世界」の会社を考えてみるとする。「見える縁の会社とは、社員の見せない・見えない「粋」（張り合うこと）の感性を感じ取り、社員のやる気とその命の形づくりをめざし、創造と革新の場づくりを強める」。日本の永年（終身）雇用制度の美学は、本来こうした見える形の会社教的な制度の縁の世界の中に、個人の粋（生き）を護ろうとした世界モデルだった。残念ながらその美学は絶滅種のような危機状態にある。

個人が肩から力を抜き、より自由に柔軟な発想を持ち、自分の中の自然を表現しようとする動機が、「粋の世界」と出会える。それは、組織の関係や価値を意識せざるをえない「縁の世界」と比べて、無意識に自由自在な〝個の〟粋、すなわち、意気地（心意気）の張り合う世界をつくる。

秀吉と利休

よく出会うことだが、縁と粋の両者が同じ場にありながら、まったく異なる場づくりを求めることがある。たとえば、縁ある組織が比較優位の力を持てば、他を巻き込む制度の場の力を好む。だがその一方で、粋な個人は自己主体の自律する人間性（人間らしさ）の場を貫こうとする。秀吉の金の茶室と、利休の素朴な一枝の茶室との対比が、その物語を示唆する。そこでの縁と粋は、死生観に繋がり、つくられた権力の秀吉は野暮な茶の湯の縁となり、その反対に自然に生きる利休は、死を覚悟の粋な精神で茶の湯との縁を伝えてくる。だが、粋と野暮をその様に簡単に決めつけていいものだろうか。

この話をさらに掘り下げるとしよう。野暮と粋との鉢合わせで、〝擦（す）り合わせ〟の効果があり、「野暮も磨けば粋となる！」という江戸の気風もある。そうした意味の江戸時代の古曲の唄の通り、権力者の野暮は自然派教養人の粋で改善される。利休の批判精神は、金の権力と心の文化との擦り合わせへの死生観を貫くことにある。秀吉と張り合って茶道の縁に生きた教養人・利休は、最後には自己の死生観で粋の厳しさを日本美の次元に高めたわけである。

その延長で現代を考えるとき、見える権力の現象と、見えない文化の精神とのつながりを、利休の死生観と共に現代に生きる世界をわたくしは期待している。例えば、職場のみえる権力の現象・みえない文化の精神は、両方とも切り離せない関係にあるので、職場の〝現場を死生観の極限状況で知覚する〟意味の重さに指導者は開眼しなければならない。というのも、職場の現象から職場の精神の良し悪しを指導者は平時にあっても死生観で知覚すべきだからである。同じように家族の現象から家族の精神とその家族の持続性とを他人は感じ取ることができる。指導者の「伝える・伝わる」・「擦り合わせ型のコミュニケーション」は、かくして内と外とを巻き込み共生できる現場の当事者意識から問題解決への縁と粋の価値起源、すなわち「死して生きる」死生観を掘りあてる。

人間らしさの能力の復活

このように、現地と現業を含めて現場の組織と個人とを繋ぐ、〝見える・見えない〟糸の縁と、「伝える・伝わる」死生観の粋（生き）の感性で、わたくしは仕事や組織のなかでの人間性をとりもどし、見える権力の現象から見えない文化の本質を人間の叡智で判断できるように日常努力している。

まとめとしていえることは、縁と粋の思想のある生活が、わたくしどもにあるべき自然の〝人間らしさの能力の復活〟を促す。外観の人間と内心の人間とを悲哀を超えて擦（す）り合わせて生きる個人の人格の中に、縁と粋の感性がその個人の心の深いところで重なり合って息をしている。そのことを言わないことが日本の縁（えにし）と粋（いき）の文化の本質だといいたいが、しかし、あえて言わないと日本文化の縁と粋の無常観、その人生観と世界観は外国に伝わらない。そこで、日本発の人間らしさの縁と粋の国境を超える伝え方にはそれなりの表現の仕方への工夫と努力の積み上げが不可欠となる。繰り返し言いたいこと、それは矛盾を矛盾とせずその変化をわきまえて飲み込み、未来の場づくりへの人間らしさの縁と粋を世界に伝えるグローカル・にっぽんの忍耐力を持続させ、その情熱の炎を消してはならない。

英語や外国語で正確にその意味を伝え難い日本発の「縁と粋」も、世界が「察し・察し合う」人間らしさの教養を分かち合える時代が到来し、その感性を世界資源とするようになれば、その縁と粋は世界が伝え・伝わる「感動の価値」となるであろう。そのためには、まず、物心に世界の人々が豊かにならなくてはなるまい。国と国民とがグローカリズムの経営哲学でまずは格差を減らす〝二つが一つ〟の異種混淆の豊かさへ協働する意味がここにある。

経営随筆・縁と粋の感動日記から——その5B

粋が縁の、甲斐京子

〝粋と縁の〟芸能を護るNPO法人

通称SKDの呼称で多くの人に愛されていた「松竹歌劇団」は、浅草発の大衆芸能で、国際劇場を舞台に輝かしいレビュー文化を伝え一世を風靡した。残念だが、その後の時代変化の波にさらされ、SKDは解団を余儀なくされた。その時の最後のトップスターは、甲斐京子だが、その名を覚えている年代のファンがまだまだたくさんいる。例えば、富永照子さんらの浅草のれん会のおかみさん連中も昔ながらのSKDファンの縁で、その後の甲斐京子の芸能活動を応援している。

スカイツリーの見える東京下町を中心に活動してきた甲斐京子後援会が、一昨年に「NPO法人・粋と縁」へと発展した。まさに、「粋」の文字が最初にきて、「縁」の文字がその次にくるNPOの「粋と縁の、甲斐京子」である。このNPOの文化特性は、甲斐京子の〝粋の恰好よさ〟に、〝縁が持てる大衆の幸せ願望〟の形だと思う。

甲斐京子の粋は、松竹歌劇団の組織が消えても彼女の歌と踊りと、その芝居に心酔するファンが、意外なほどの数で残っている。ファンの要望に応え、松竹さんらとのこれまでの芸能縁を生かし、甲斐京子後援会は、ＮＰＯ法人の形をつくった。東京都職員の勤務からはじまり、荒川区の行政文化担当や、収入役経験のある女性定年退職者（冨里美砂子女史）の才覚でそうなった。

「粋が縁となる」その意味は、先ず「粋」があり、その次に「縁」が「粋」から生まれる順番の意味である。甲斐京子という名の「粋の主体」が、縁ある松竹の芸能文化を引き継ぎ、彼女は、一人の女優として生きる決断をした。華麗なレビュー文化の組織の飾りを削ぎ落し、粋な個の芸に徹しようと、彼女はそう決意したのである。

組織縁を失った甲斐京子を囲むファンたちは、粋の世界を持続させる甲斐京子のその後の演劇人生に共感した。より広がり深められ、そして成熟してきた甲斐京子の芸能に、個人が生きる自律性と創造力、そして自由を楽しみ進化する粋の世界を、ファンたちはわがこととしている。その粋は、わび・さびの粋や酔狂ではない。夢とロマンを抱き続ける者たちの粋、生き、張り合う意気の命の形である。

「甲斐京子の粋」

さてそれならば、「甲斐京子の粋」とは何だろうか。とりあえず、彼女の〝粋の原風景〟をいくつか思い出してみるとしよう。

成田空港建設で地元が賛成と反対に分かれ、紛争で死人が出ていた頃の話に戻る。騒音直下の空港賛成派と反対派の対立する町で、平和的な話し合い解決の場づくりをめざして、ＳＫＤのスターとファンたちがバス二台に乗って、空港騒音直下の芝山町の山中に来てくれた。空港反対の若者たちは庭園にビヤー・ホールをつくり、空港賛成の連中は会場の清掃に汗をかき、わたくしの研究室の学生諸君は腰に〝金鳥〟蚊取り線香をぶら下げて、生ビールを配りながらも、松竹歌劇団のお姫様たちの綺麗な身体が虫に刺されないようにスターたちを護る。

甲斐京子は、庭に盛り上がった芝生の山を舞台にして、明るく心に響く歌の東西を披露してくれた。美空ひばりのヒット曲も、越路吹雪のシャンソンも、甲斐京子が歌に籠めた心の中に溶けていた。地元の宝馬にある香取幼稚園の園長は平和の町づくり・村おこしの願いを甲斐京子の歌声に託し、その願いをその場のみんなに伝える音響効果と死にもの狂いの格闘をして、その若い命を縮めた。そうした努力が、はにわ祭りの創設努力を含めて、空港反対と賛成とが交流できる椎木村や、地域振興連絡協議会（地連協）、そして空港問題の平和的な話し合い解決の公開シンポ（円卓会議）、その後の共生委員会の陽のあたる場づくりへの足並みを整えていった。

甲斐京子の歌声は、ミュージカル・レビュー劇団の男役としてのハスキーな粋なリズムである。女性が男性を演じるところには、野暮な男を嫌って闘う女の隠し持つ粋の美学が露出してくる。その粋の正体は、女性が憧れる〝男らしさ〟である。甲斐京子は松竹歌劇団の旗頭となり、バスいっぱいのＳＫＤ

スターと一緒に、空港騒音直下の町にやってきた。舞台で連帯する者たちの普段の空気を紛争の町に持ち込んできた。もちろん東京からきたSKDのファンたちも、スターたちと一緒に空港紛争の町の人たちと交わり、浅草レビューの大衆芸能を楽しんだ。

ご存知のように、SKDは女性を主役とする大衆芸能である。その庶民文化の中に蓄えられた平等の精神が紛争の町の人々の心に安らぎと明日へのエネルギーをもたらす。男性社会から女性社会への変革も自覚し、人情のもつれや、権力の闘争、そして政治の対立から、どこかでその問題解決を超越的に探す場づくりが、当時真剣に求められていた。その場づくりとして、空港賛成派・反対派を巻き込んだ松竹歌劇団と甲斐京子の大衆芸能の説得力が、権威主義の男の闘いを超える役割をすこしでも果たすことができた。

「芸能文化賞」に輝いた甲斐京子

女性のつくる男っぽさが、戦場に英雄をつくることもある。フランスの一〇〇年戦争のジャンヌダルクがそうであったように、成田空港問題の賛成と反対を超えた甲斐京子の歌と踊りとその言葉の男っぽさは、もう一人の英雄にも思えた。「闘う女の粋」は、上に立つ女同士の闘いの罠にはまらず、それよりも他の女性全体を引っ張っていける男っぽさである。もちろん、その男っぽさには、歌舞伎のように男が女形をするような固まった男形があるとはおもえない。ハッキリとした、こだわりのない明るさ、そしてひたむきに生きる姿勢と、怖気ない挑戦心や、「渡る世間に鬼を知らぬ」気持ちへの正直さが、甲斐京子の男っぽさの人間性である。

甲斐京子のつくる男っぽさの大衆文化は、文部科学省の文化庁からのお墨付き、「芸能文化賞」に輝いた。宝塚もＳＫＤも同じレビュー文化の大衆芸能だが、甲斐京子のチーム・プレーの方にその栄冠が先に贈られた。舞台を失ったトップスターが端役でも舞台に生き死にたいとする覚悟は、プロフェッショナルの真骨頂である。彼女は不慣れな女役も不器用に演じながら、持ち前のＳＫＤの技芸を護りながら、成熟する自分のチーム・プレーを磨いていたのである。

感動する・させる人生を磨く

甲斐京子後援会の三〇周年記念会が、文化シャッター社（岩部金吾会長）のＢＸホールで二〇一三年の春に開催された。その祝いに駆けつけた甲斐京子チームの元ＳＫＤのスターたちは、会場の二階の一番後方の隅の席に列をなして座っていた。ＳＫＤ解団後全国に散っていた彼女らは、北海道や九州からも集ってきた。そこには昔懐かしいスターもいた。

芹なづな、朝比奈ゆう子、有沙美樹、麻生侑希、あおいなつき、平川和代、園田弥生、滝真奈美らの元ＳＫＤのスターと、その後の共演仲間が、舞台の上の甲斐京子の呼びかけに応じて、遠慮気味に観客席から上がってきて、甲斐京子の指導で一列に並ぶ。そこで、甲斐京子は昔のチームメンバーを、わだかまりなく溌剌とした普段の言葉で一人一人を個性的に紹介する。

その紹介が終わると、「春が来た」をみんなで歌おう！と、甲斐京子は後輩たちに提案する。練習する間もなく、突然の命令とも言える「春が来た」の選曲を元ＳＫＤの団員は、ぶっつけ本番でそれぞれの独唱の歌声を軽やかに披露し、合唱のメロディーを淀みなく歌いおさめた。変わらないＳＫＤのプロの声が観客の心をさりげなくなごましてくれた。

嬉しいことに、ＳＫＤのチーム・プレーの精神と動きもそこに残り、ほっとした。ＳＫＤの飾り気のない無邪気な粋が、会社との縁を失っても、そのまま伝わってくる。まさに、拘束から解放された、何人にも恐れない自律と協調の粋が独り歩きしている光景をその舞台から感じ取れた。

甲斐京子の芸の魅力に集うファンや、スターたちも、浅草の国際劇場を起点とした「縁の時代」から脱皮して、世界をめざす自律と協調の「粋の時代」へと成熟していたのである。場との縁はなくなったが、芸の粋は残っていた。粋の世界が人の幸せを呼ぶ〝開かれた場づくり〟だと甲斐京子は悟っているようだ。彼女の粋感性の進化から、客の感性の質的向上を感じとることができる。甲斐京子という名のスターが変わると、そのファンたちの感性も変わるものだということを最近知った。

アメリカから連れてきたわが妻も、甲斐京子の舞台を毎年見ながら生きる感動の喜びを深める。舞台の甲斐京子が気持ちよく、さわやかに、しかも、力いっぱい歌えば、そのファンたちは、彼女がつくる感動に共振して、己の感動を再帰させる。甲斐京子の活力や意気のエネルギーをもらい、わが妻は湧き上がる感動で足取りを軽くし劇場から家路につく。

〝伝える感動を創る〟「縁と粋のグローカル・にっぽん」は、甲斐京子の大衆芸能に限らず、このように自分と他人との異なる文化主体間で、相互に〝感動する・感動させる〟偶然の人生の縁と粋をみずから磨き、高め、そして次の世代へ伝えることだと知る。

第Ⅱ部　生きる縁と枠

経営随筆は、読者が「生き甲斐を」を読後に暗示するものでなくてはいけない。例えば、先の戦争で亡くなった戦友のおもいを心に秘めて、戦後の日本の復興に生きてきた人たちの回想録には、友の死を無駄にしてはいけないという生き甲斐のへの暗示で終わる場合が多い。生の営みの裏には、死の哲学が生きてくる。そのような事例の経営随筆を次の五つの命題で紹介したい。縁と粋に生きることは、生かされている者が、その生かす者を生かす、そして共に死生観を超えて生きつづける何かである。その何かを暗示することができても、それを自分のものにするのは読者自身にお願いするしかない。

経営随筆・縁と枠の感動日記から——その6

捨てても、残る〝仕事の心〟

捨てる決断

シアトルから帰国した年に、結婚生活五〇年を祝ってもらった。これからの人生をどう磨こうか。その迷いを払拭する決断は、捨てるものを捨てて新しく生きる勢いをつくる道探しであった。

二〇一二年の初春、四日間にわたりわが家の二つの物置（旧警備小屋）に積み重ねていた研究資料の処分を決断し、成田空港会社が派遣してくれた総勢三二人がかりで、大型トラック二台分の資料を、廃棄物処理した。この二つの物置は、当時「成田空港問題の平和的な話し合い解決」を目指していたわが研究過程の遺物である。家族の安全を配慮してくれた新東京国際空港公団、今はＮＡＡの成田空港会社の番小屋の崩壊進化で、風雨にさらされた資料のあるものはシロアリの巣に化けていた。

廃棄物処理工場に持ち込まれた中身は、海外と国内の都市や地方で汗を流してきた研究蓄積で、地域活性化、国際経営学、そして経営人類学の現地研究にまつわる資料に加えて、勤務してきた大学研究室からの貴重な研究資料も含まれていた。わが人生を賭けた代物（しろもの）がゴミとなり、灰となったわけである。もちろんその中身には、ゲリラに家を焼かれたときの黒焦げの残留物も仲間入りしていたが・・・。

そうした捨てる決断には、残念ながら資料整理へのわたくしの体力の限界があった。ましてやその頃腰を痛めていたので、正直なところ資料整理への気力も弱っていたのが本音である。

その後の後悔は、帰国後のわたくしの生活の落着きに連れて重荷となってきた。捨てた資料は、未来のわたくし自身をおのれの手で切り捨てるようなものであり。評価は人によって異なるが、約半世紀にわたるインドネシアを含めアジア地域で汗を流して集めた研究資料は前人未踏のかけがえのないものであった。また四〇年を超える「千葉の時代づくり」などの街づくり・村おこしの歴史的文献は貴重な資料だった。それらの歴史の真実が産業廃棄物の類となり消え果てたのである。まさに〝後の後悔、先に立たず〟。

縁と粋の〝カンドー〟（感動）は残った

そうした、後悔の重荷を大海に流す出逢いがあった。中国の海南省の海口で第二九回目の「環太平洋学術交流学会」が二〇一二（平成二四）年五月二四日～二七日に開催され、そこで、一六年ぶりに呂国錫教授と出会った。彼は、カリフォルニア大学・バークレイ校で博士号をとり、シンガポールの南洋大学で教えていたころ、自然豊かな千葉の「生命の森」（川戸雅貴氏が経営）で一九九六年に開催した前述の国際会議に夫婦で参加してくれた。

呂教授は、その時の歓迎パーテイで配った樽酒用の‘小さな酒の升’を未だに大切に保存していることを、嬉々としてわたくしに伝えてきた。彼はその時の日本訪問と学会参加の感動の思い出をこの木の香りを残す小さな酒の升に託して情熱的に話す。

呂教授が感動したその時の美しい木製の小さな酒升も、この国際学会の開催準備とその成果にまつわる資料も、朽ち果てた倉庫にその後長らく生きながらえていたが、ついに最後は廃棄物処理の運命で先日捨てられた。それでも灰にならず捨てられなかった、しかも国境を超えて呂教授の心中のグローバルな縁と粋の感動の想い出は、彼が大切に持ち続けた小さな酒の升の中に残り続けていた。

呂教授にとっての縁と粋の想い出とは、この小さな酒の升に象徴された、わたくしどもがつくった〝仕事とその心〟の物語である。学問と人間の交流機会をつくる仕事には、測れない心の重さがある。仕事の中に、〝無意識の心〟を籠めると、その心を嗅ぎ分け、その心の価値を持ち続ける人もいるものだ。呂教授との縁と粋の感動の絆とは、可愛らしい木製の酒升の形の中に生き続けたわたくしの精神で、見えない心の価値の造形だった。

呂教授の想い出の中に、わたくしが捨てたはずのもの、だが、捨て切れなかったものが生きている。それは、仕事に籠められたその時のグローカル・にっぽんの縁と粋の心である。その心こそが人に縁と粋の感動の想い出をつくり、世界の人の心に時空を超えて居続ける。外国の人の心に生き続けた千葉の「生命の森」での事象は、木の目の美しい酒升に象徴され、その形の中に生きている〝おもてなし〟する者たちの心であった。当時のわたくしの教え子たち、仲間たちのグローカル・にっぽんのおもてなしの気持ちが、国境を超えて世界の縁と粋に昇華し、焼き尽くせなかった感動の炎となって燃え続けていることを呂教授から教えられた。

灰にならない人間臭さ

呂教授の「生命の森」での感動の縁と粋の起源には、書けない、語りにくい国際交流の仕事の多くの物語がある。彼の中に生き続けた縁なるもの、粋なるものは、物としての文献資料や学術交流とは別に、〝酒を酌み交わす〟仲間意識の人間臭い交流からだった。ゲリラに家を焼かれ、灰にしても灰にはならなかったわたくしの学問する仕事の精神の軌跡が、彼の心に人間臭く残り続けていた。

形式だけの学問の関係は持続しないが、どこかに人間臭さのインフォーマルな関係を、わたくしはグローバルな国際会議準備の仕事のうちに組み入れておく。遊び好きのわが次女は、パンやサンドウィッチを賞品とするカラオケ・ナイトを「生命の森」のホールで毎夜開催した。スポンサーは、経営破綻から立ち直った金融系大企業の元社長だった。呂教授の縁と粋の感動は、自らを開放できる人間臭いカラオケのグローバルな場づくりからも生まれた。その時代の酒升の縁やカラオケの粋（意気・活き）な自己表現に限らず、緊張を解く人間回帰こそがすべての持続する学問交流の仕事のあり方だと学ぶ。

次なるわたくしの仕事は、灰になっても残り、人の心の中に生き続けるなにかである。人々の心中に生きる次なる縁と粋の感動との出逢いをもとめ、今のわたくしは、〝未来の場づくり〟に生き、未来の場に仕事するわが心を蘇えらせたい。

繰り返し思うに、生きる・生かされる縁と粋の感動の起源とは形あるものではなく、仕事に組み込められた人間臭さを残す生き方への思い・思われるなにかである。そのなにかとは、真っすぐな無意識の人間臭さの中に見え隠れし、きらりと光るもの。それは小さくとも生きる感動をつくる人格である。その人格とは、例えば、小さな酒升の真っすぐな木の目の美しさだ。その美しさは、日本人の人間性となり、群れでしか生きられない内なる心の働きを意味する。

呂教授に寄り添う彼の妻と三人で、宿泊先の会議ホテル、ハワード・ジョンソン・新港リゾートホテルを抜け出し、夜更けの海口の街の気分を味わう。海口唐都大酒店の大衆食堂は家族客で大いに賑わい、呂教授の台湾生まれの妻も、賑やかな町衆も、海口の中国海南の温かい自然に包まれる。

今の呂教授は、九州別府の立命館アジア太平洋大学に招かれ、英語で国際経済学を教え、日本生活を夫婦ともども楽しんでいる。小さな木製の酒升が取り持つ縁と粋が、生きる・生かされる「グローカル・にっぽん」の学問のあり方をさりげなく物語る。「生きる・生かされる」そして捨てても残る旅の途中の学問人生は、思いもよらぬ仕事の中の心と出会うものである。

経営随筆・縁と粋の感動日記から――その7

無一物中無尽蔵

八百半・和田一夫社長の陰徳

上海の八百半百貨店は、上海第一百貨店との合弁会社で、そこで二十数年前に買ったカシミヤのセーターを、今でもわたくしは肘当ての繕いをしながら愛用している。品質がよく、着心地が軽く気に入っているからだ。その後の八百半は経営破綻し、他社に吸収合併される道を辿りながら、今ではその栄光の社名を思い出す人も少なくなった。

熱海で創立した八百半は、日本のスーパー・マーケットや地方百貨店の海外展開の先駆けとなり、そのビジネスの成功と失敗のモデルは、多くの日本企業の海外展開にとって貴重な体験事例となる。特に中国で海外展開する後続の流通企業、例えば、イオン・グループにとって、八百半の創業経営者、「和田一夫」（敬称略）の国際経験とその提言指導の功績は測り知れないものがある。それだけではなく、中国政府側も尊敬する日本人経営者の一人として和田一夫を位置づけている。

今から二十数年前に北京で「環太平洋学術交流学会」が開催された時、中国本土の流通業界で最も活躍していた八百半創業者の和田一夫に基調講演をお願いしたことがある。その縁もあり、その後の同氏の消息を知りたく探していた。和田一夫は中国本土側からの国際会議参加者五〇〇人分の参加費を払ってくれた。貧しかった当時の中国への博愛の精神の熱い人だったことにも感謝の気持ちがつきない。北京に集った世界各国からの学者とその家族は、和田一夫の陰徳の恩恵によって有名な「人民大会堂」での国際学会の交流機会と懇親会を開催することができた。

無一物中無尽蔵の意味

グーグル検索で、和田一夫を探したところ、〝無一物中無尽蔵〟の言葉が勢いよくわたくしの目に飛び込んできた。無一物中無尽蔵の看板を掲げ、和田総合研究所の和田一夫はまだ健在だと知る。彼のゼロからの出発する生き方を知りわたくしは感動した。

無一物中無尽蔵とは、北宋の詩人・蘇東坡の詩にある「無一物中無尽蔵　花あり月あり楼台あり」の中の一節である。その詩から引用した今の和田一夫の心境が理解できる。なにも描かれていない真っ白な画面を前にして、その空白の中に、すなわち、無の中に、自分の感性を描く。ということは、想像力がはたらくままに、心の中に映る色鮮やかな花や、月や、そして楼台を描く。経営破綻後の和田一夫にとって、この風景画と詩が語りかけるものは、何だったろうか。これまでの物と心が水泡と消え、現実を超越して新しい夢をどう描けるか。そうした人間存在の底力が、崖っぷちの孤独に生きる和田一夫に試されていたにちがいない。

中国や日本の古い水墨画や禅画の風景が、〝無の世界〟だとしよう。その風景を見つめていると、目前に色鮮やかな花の紅、天空には煌々たる満月、その月明かりに映し出された多数の高楼が、〝無の画面〟に浮かび上がってくる。無一物中無尽蔵とは、このように「無の中に有あり」、「虚の中に実を観る」、という、超越への死生観や無常観からの悟りの境地である。

社会生態学者のピーター・ドラッカーも、日本の経営の成功要因には伝統思考が内在することを見抜いていた。かれは、ドリス夫人と一緒に「山荘コレクション」という名のもとに、無一物中無尽蔵をおもわせる室町時代から江戸時代までの水墨画や仙厓和尚の禅画など数多く収集した。その収集作品の中には、中国の風景画・山水画の水墨画も含まれている。

ドラッカーと同じように、アポロ9号の米人宇宙飛行士シュワイカートも、わび・さびの禅の世界に強い関心をいだいていた。かれは宇宙から地球をみつめ、ソ連の宇宙飛行士マカロフと口をそろえて、争いの国境を超えて「一つの〝丸く青い地球の美しさ〟」を淡々とわたくしに語ってくれた。宇宙を体験したシュワイカートは、その有限の世界から無限の世界への無一物中無尽蔵の感性をわたくしに伝えたかったのであろう。詩人の蘇東坡の白紙の画面のかわりに、彼は同行の旧ソ連のマカロフ宇宙飛行士と一緒にさりげなく丸く青い地球の美しさの言葉と写真をわたくしに「生命の森」（自然派企業家・川戸雅貴創設）で残してくれた。

シアトル大学で「禅とグローバル・ビジネス」のテーマで公開講座を開いたら、五〇〇人を超える市民が集った。その後、このカトリック系大学内の教会に座禅する時間帯が、白人の哲学教授によって設けられた。アメリカで悩める知識人たちが抱く無一物中無尽蔵への憧れは驚くばかりである。お金と物の流れに、自由を強く求めるアメリカもあるが、その逆に私利私欲から抜けだし無の境地・空なる世界に憧れている人たちも、物欲や金銭欲に反動するようにいる。その人たちにとっての無の精神や、空なる活力は、純粋に自由自在な無一物中無尽蔵の意味に通じるなにかがある。

経営者と学者—海外展開する企業家精神と研究者活動の道連れ

和田一夫が静岡県で一九六五年に流通業のチェーン展開を始め、四年間に伊豆半島だけに七店舗の八百半百貨店をつくった。和田家は、家族ぐるみ〝生長の家〟の熱烈な信者である。生長の家との宗教縁で、一九七一年にブラジルへ海外進出するも、一九八〇年に失敗して日本へ撤退。それにもかかわらず地元の駿河銀行の支援で立ち直り、一九七三年から一九九七年の会社更生法適用の倒産にいたるまで、サンパウロ、コスタリカ、シンガポール、マレーシア、タイ、ブルネイ、カナダ、イギリス、北米、マカオ、香港、上海、北京などの諸国や諸都市で多店舗展開してきた。これほど勇敢に無鉄砲にも思える、海外で暴れまわった小さな地域企業の偉大な業績は、驚嘆の一語につきる。

さて、倒産の無から起き上がり、まだ続く夢を追う和田の縁と粋の経営思想をその創業からの業績に遡り模索してみよう。その狙いは、和田一夫の国内活動と海外活動を、わたくし事、村山の研究の系譜と重ねてみて、同時期の国際経営者・和田一夫と、国際経営学研究者・村山元英との間に、その経営思想の類似性と相違性を見極めてみたいからである。和田と、村山は、国際ビジネスの「理論と実践」について〝相互に共感する場面〟の研究交流に生きてきた事情もある。

村山の海外研究は、和田の企業の海外展開と同時期の約三〇年間に国連機関の「ＡＰＯ」（アジア生産性機構）や、日本政府の「国際交流基金」の海外派遣プロフェッショナルとして、アジアの発展途上国の大学や企業、政府機関めぐりをしていた。アメリカで学んだ経営理論とそれを応用した日本企業の成功理由を、開発の遅れた東南アジア諸国、インド、スリランカ、中近東、そして台湾、韓国、香港などの中進工業国、そして逆にアメリカへ紹介することが村山に課せられた主たる目的だった。

そうした過程で管理することへの「所有と経営」への疑問が村山についてまわる。管理できるものを持つこと、例えば、株、金、物、技術、身分や地位の所有が、力による「強い管理の社会構造」をつくる。その逆に管理できるものを持てない当時の海外状況、例えば、発展途上国の国民、会社、国家は、先進国への所有依存や従属関係から自由と自律を望んでいた。このことは、旧植民地時代の後遺症を意味する。所有の管理地位を持たないかぎり、自らの所有による自律の確立は開発途上国にとって困難であった。台湾、韓国、インド、中国を含め、東南アジア諸国や中近東の国々で、そのことを現地で痛感していた村山がその時代に生きていた。

経営の自由と平等は、所有と経営の関係の論理に依存する。〝管理するもの〟と、〝管理されるもの〟との対称性の相互の複眼で経営学は構築され、理解されるべきという信念を村山は当時強く抱いていた。今でも彼のその信念は変わらない。日本の企業の海外での現地化問題の本質が、この種の所有と経営の疑問にさらされてきた背景もある。海外展開する多国籍企業とその受け入れ国の地元企業との間で競争関係になり、さらに、その投資国と投資受入国のあいだでの国家利益と国民感情の亀裂の問題が生じる。そうした複合構造の問題が絡み合って、「何が持続する所有と経営なのか」という問題を、当時の村山は真剣に答えのないまま考えていた。

しかも、日本の国内企業の海外展開とその現地化の問題は、企業の生き残り問題を中心に、日本の技術流失、雇用機会の喪失、そして産業の空洞化の問題を引き起こしかねない。日本企業の海外展開には管理可能な所有の確保と、その所有喪失を防ぐリスク・マネジメントを常に考えることが最も重要な課題である。

宗教起源の「縁の思想」

所有を武器にして管理することが、通常の教科書にある暗黙知の経営学となる。それに反して、所有にこだわらない経営は、「生きる・生かされる」極限状況での合併への決断を含め、いずれ所有を潔く〝あげてしまう〟覚悟の美的感性の経営といわざるをえない。子供が親に金を貸してくれと頼めば、ある親は貸すのではなく、お金を子供にあげてしまい、親子の絆を未来にむけて確かめるであろう。親子の人間関係は持続し、金銭の貸借関係は別世界の出来事だとする発想がそうさせる。

もちろん、親子関係でも金銭の貸借決済の法的契約の考えは否定できない面もある。その発想でいえば、貸借関係を書類に残し、法的拘束で親子の人間関係を縛ることもできる。それでも、親子関係は法の支配を超える精神世界や、人間関係のモラルを社会倫理や社会正義とする世界もある。

和田一夫の経営思想は、このような日本の伝統家族の縁思想を基盤に、〝生長の家〟の宗教的倫理を根っこにしていた。家族の視点で捉えた愛の人間観は、異なる宗教間でもそれほど変わるものではない。すべての宗教は家族の絆を同じように大切にしているものだ。だが残念ながら、和田一夫の宗教倫理を基盤とする家族愛の経営倫理は、彼の期待に反して変革した現代の社会倫理、経済倫理と重ならなかった。

彼の宗教起源の経営思想は、物を所有する管理よりも、所有する事柄を脱して、その物と心の所有をいずれ開発途上国へあげてしまう覚悟を隠し持ち、宗教的経営のロマンへと発展していた。海外での経営行動に彼は大胆になれ、経営の合理性やリスク管理を無視して、そして無から有へのロマンに和田一夫は生きていたともいえる。観念の真実としてつくられた家族縁や、機能しない宗教倫理で自由と平等を幻想する和田一夫の楽観主義の経営には、所有と経営を失う覚悟がやがて現実となる。神との契約が、必ずしもビジネスや金融の契約に結びつかない。そこには過酷な現実が待ち構えていた。八百半の中国展開では、日本の銀行にこれまで救済してもらえたと同じ様に、中国系の銀行に和田一夫は甘えることができなかった。

現在のグローバルな企業戦略は、八百半のような宗教愛の倫理や、平等の社会通念や、相互互恵の経営観から大きく離脱して、比較優位の競争原理がまかり通る。自己中心の経済合理性の精神が優先し、利他主義の自己犠牲の精神は控えめにする。究極の企業の社会的責任とでもいうべき、格差是正に向けて所有を貧しい他にあげてしまう覚悟の経営思想は希少価値である。和田一夫はその希少価値の経営思想を行動モデルに組み入れて海外での挫折の経営に生きていた。

和田一夫の倒産と再生や合併と被合併を通じて〝あげてしまう〟覚悟の経営思想は、宗教的倫理で結ばれた人間関係を基軸にして、経営や組織、そして制度を道具として、不均衡な所有を平らにし、下からの力を吸い上げ、格差社会に挑戦して、開発途上国の未来社会のための自己犠牲の経営行動モデルをつくり、その道標、すなわち、自らの墓標をつくる潔さであった。その自己犠牲の墓標は、いわゆる〝武士の切腹〟や〝神風特攻隊〟に通じるひたむきさの悲哀と無常観を押し殺したふるさと愛の顕れでもある。そして彼にとってのグローバルな経営の美学とは、その時、その場の状況の真実や正義を、自己の信義に沿って貫き、やり抜く性質のものだった。

開発途上国の現場には、貧困を知り、開発の功罪とつきあい、慣習の権威主義や功利主義を超えた、命がけともいえる死生観の「縁の経営思想」が真に求められている。規模の利益に頼れない和田一夫の縁の経営思想は、「世界は一つの家族だ！」とする信念であった。そこには、国籍も人種の違いもない、総てに平等とする家族観、イエ意識に種と根を持つ人権と、持続するイエ情緒主義こそが、組織成長の論理とする。八百半経営は、イエ家族の国際的普遍のモデルを唱え、その一方で宗教的信条を強め、その結果は倒産の現実（リアリズム）である。

だが和田一夫の説く経営組織の中の家族性と宗教性の経営倫理は、経営破綻を招く危険を含みながらも、次世代のグローバル経営に求められる、グローバル倫理の誕生を呼びかけていた。それは、あるものはないものに分け与える、格差是正や平等への均衡の経営哲学である。そのロマン思想は、「捨てれば後からはいってくる！」という長期的な宿命観や楽観主義の経営思想で、陰徳を価値とする持続する経営理念である。その楽観さの中に、無限の生命連鎖と命がけでつきあっている和田一夫の「縁の経営思想」が深い泥海の底で、未来の場に向けてさりげなく光りを輝かす。〝己を捨て、他を生かす〟（克己利他）。この思想と戦略を言葉のロマンに終わらせない、経営者の真実を現代に求めたい。

和田一夫の「粋の思想」

次に和田一夫の「粋の思想」とは何だろうか。「粋」は、庶民に日常生活の中にもある美学で、自然秩序を隠し味にするさりげない精神で、しかも言わないことだが、言わないと相手に伝わらないものごとである。わび・さびの高度な日本美と比べて、「粋」は思い切りの良さや、いなせ（鯔背）な後ろ姿の格好よさである。粋の思想を、意気、意地、勢い、反骨の精神、あるいはやせ我慢の生き方やその息使いなどの、別の言葉で表現することもできる。和田一夫に、会社が倒産しても、残り誇れるものがあるとしたら、それは、無駄なものを削ぎ落とし、〝やせ我慢を貫き〟、先頭切って生きることを磨く庶民の背伸びした「粋の美学」ではなかっただろうか。

最近の中国の台頭に象徴されるように、開発途上国の発展ぶりや、西洋先進国の凋落ぶりをみるにつけ、所有と経営の管理思想が、〝所得格差の是正〟との関連で再考されるべきかもしれない。言い換えると、所有と経営の格差是正の〝社会生態系〟が、ピラミットの底辺の活性化状況に類似している。社会の底辺をなす基礎階層の変動、いわゆるピラミッドの基層の上昇傾向をＢＯＰ（Base of Pyramid）底上げと呼び、未来の価値をＢＯＰの時代到来に求め、わたくしどもは今その時代変革への「粋」（生き）なる対応を求められている。

貧しさから豊かさへの社会の基礎階層の底上げ世界現象は、先進国並みに追いつけ・追い越せと、法の規制を超えて大きく胎動し始めている。その事実は、避けられない人間本能の技であり、遅れてきた近代化の波の強さである。かかる時代変革に臨み、「粋の美学」をめざす経営者の格差是正を覚悟する経営思想は、「与えよ、さらば得られん」とする、宗教理念型の経営倫理である。その変革モデルの実験過程に、国際経営者、和田一夫がいた。かれは、冒険する勇気と許しの構造の中での先駆的な〝変革の人〟、チェンジ・エージェントとして、宗教理念型の経営倫理と共生する経営の生き方をしていたのである。その生き方が、創る、与える、そしてまた創る、そうした前向きの経営リズムであった。もちろん、そうした格差是正の経営スタイルには、合併による経営の持続と、社員の生活を護る責任がある。結果的には、合併がグローバル社員の活用と既存社員の学習次第でその企業文化がより幸せを呼ぶグローバル企業の組織開発へと発展する。

村山も、格差是正の経営思想を、和田同様に残してきた。例えば、村山の多くの経営著書が、いつのまにか中国版で翻訳出版され、中国の経営資源となり、中国経営の底上げに役立っていた。まだ他にもその事例がある。成田空港紛争問題の平和的な話し合い解決に、その成果が確実になった瞬間に、関係するお役人仲間が、その功績を己れの派閥の利害と昇進の仕組みにつくり変え始めた。その時の現場での国立大学教授・村山の地位は、日本国家の内閣総理大臣の下で閣議決定されたものだったが・・・。格差是正の覚悟の経営思想はここでも問われた。「国家とは官僚や政治家ではない、国民だ！」と彼は悟る。「国民が国家だ！」と村山の内なる悟りが、〝己の経営学〟となり、その叡智がつぎの人生に共創の経営学をつくる。

まだある。フルブライト教授としてアメリカの国の予算でアラバマ大学から名指しで招聘されたとき、その機会を格差是正の覚悟で他の学部の先生に差し上げた。だが20数年後にその心意気の見返りが、シアトル大学からの専任上位招聘教授（Visiting Distinguished Professor, 2008 to 2012）への就任と結びつく。天は公正な愛で地の平等を創る。村山の格差是正の経営思想は、和田のような宗教倫理を起源とするものではないが、「純粋に空っぽになると、何かいいことがやってくる」、そういう曖昧さの楽観を一生懸命に毎日磨いてきたことだ。

格差是正――「美」が、「真」と「善」の前にくる

結論をまとめよう。これまで述べてきた格差是正の覚悟は、それはそれとして個人の経営問題であり、事情の異なる他者や組織に強制できる性質のものではありえない。そのことは、あくまでも「状況的真実」であり、〝普遍化された〟「正義とはいえない」性質のものである。

それでも、和田から学んだ無から有への無一物中無尽蔵の経営思想には、無防備の「経営の美学」を感じさせるものがある。和田にとって、人間は信じられる存在であり、「真・善・美」の哲学の序列に、「美」が先にきて、「真」と「善」を後に位置づける。

その順位づけの背景には、和田流の〝経営の美的感性〟、すなわち、悟りえた死生観を根っこにした人間味のある経営倫理を彼なりの美学とするからだ。彼の美的感性が普遍性を強め、状況で変わる真実と、不確かな善を、彼の宗教的な美的感性のなかに包み込む。かくして、「美・真・善」を順序とする、和田流の逆配列の美学的経営思想が生まれる。

世界各地でグローバルな経営の現実をより深く知る者にとって、人間の内面に潜む醜さと、隠し持つ美しさに出会うときほど、良くも悪くもその生きる・生かされる縁と粋に感動するものである。経営に完全な美をもとめることは無理な話だが、しかし、経営には残酷の荒々しさのなかにも美しく光る人間性を見出すことができる。マレーシアのクアラルンプールで三十数年前に見た八百半の朝礼は、マレー

人、インド人、中国人、他のアジア人、白人、そして日本人が手をつなぎ、その手の輪を上にあげ、〝お母さん〟と叫ぶものだった。人種を超えて「母親」という言葉は、感動する共感の価値となる。その共感の価値が、醜さのビジネスを抱え込む経営の美的感性となり、顧客創造と技術革新を形にする方向へと進化する。

グローバル経営の正義は、理論だけではなく、物語の説得力。管理の所有と経営を超えて、経営の美的感性の物語が、いまや世界市場を感動させる「縁の経営思想」となり、「粋の行動哲学」となる。その一例が、サムスン社の日本企業を超えたある時期の世界的飛躍である。醜から美のリズムをデザインするサムスン社のひたむきな日本との「縁と粋の死生観」には、経営の美的感性がみなぎり、その美的感性を製品化しマーケティングする粋が、生き、活き、意気、そして勢いの美学となる。かくして、サムスン社の「縁と粋のグローバルな経営」は、海外の社会構造の変容を巧みに取り込み、内側の反骨精神の美学を虚から実へと明確にし始めた。

グローバル指導者への教育目標

わが国もかかる変革の時代に臨み、少しでもいいから格差是正への自己犠牲に目覚め、無一物中無尽蔵の入り口だけでも嗅ぎ分け、そうした縁と粋の経営の美的感性を、日本発のグローバル人材の今後の開発と教育のなかに組み込んでみることを勧めたい。開発途上国との交流にも、これまでの教え管理するだけではなく、謙虚に教わり管理される方向を含む、相互交流の〝未来の場づくり〟があるものと私は信じている。

和田の経営の美的感性は、過去に生きていたものではなく、これからの未来に生きる価値資源と村山は位置づける。格差是正のグローバルな未来の場づくりに向けて、和田の無一物中無尽蔵の経営思想は、やがてグローバル指導者の揺るぎない信念へと吸収されていくことになるであろう。経営とは、生きる者が、己を生かす者を自らの中に生かし、測り知れない生命連鎖で生きることにある。

そのためには、縁と粋の感動に生きる経営の最終的目標を、家族の絆や宗教との縁を心の架け橋としながらも、地球の持続性と平和創造に焦点に合わせることである。その最終目標の曖昧さに潜む真実は、やがて身近な自然現象の不均衡で悟るようになる。和田一夫の生き方についての結びとなる言葉を探したら、「自業自得」が浮かび上がってきた。「自業自得」とは「自分の行いの報いを自分が受けること」。別な言い方をすると、「己が心、相手の心ならず」という自覚である。和田一夫は、「自業自得」を実感し、その実感から生きる悲哀の経営無常観を教えてくれた。読者にもこの「自業自得」を身近なものごととして一緒に考え見直してもらえないだろうか。今、手直しできる「自業自得」があるかも知れない。「見直し」、「手直し」の経営に〝生きる。生かされる〟もう一人の自分が息をしているようでもある。それでも最後に言いたいことは、過去の責任ある選択に生きる経営者人生はつらいことだが、生きる縁と粋の経営は、一度決断したら生涯をかけてその信念とする「己れの正義」（神仏）を護り続けなくてはなるまい。

経営随筆・縁と粋の感動日記から――その8

教育の非情と非恨

突き放す残酷と愛情

なんとなく犬と戯れ、里山を散歩する。そのあとは河東節「邯鄲」を唄いその日を過ごす。それでも人生のはかなさ、栄枯盛衰をふと思う。人生は「夢の世ぞ！」と邯鄲の目覚めた人生観・世界観から自分を振り返ると、そこで巡り合えた言葉が、「わが教育の非情（情けに非ず）・非恨（恨みに非ず）」となった。

大学教授の教育人生にそれなりの巧拙があり、自己評価が必要である。例えば、卒業生のその後の人生がどのようなものであるかと調べれば、その教育努力を測れる。もちろん人間の幸福についてここではとやかくいうつもりはないが、師弟関係が持続する卒業生との縁で、わたくしの教育の理念と方法を、振り返ってみたくなった。

わたくしなりのゼミナール教育は、教育の平等を尊重すると同時に、それとは別にこれはとおもう学生を厳しく突き放し、「ものになるかどうか」、「人の上に立つ器（うつわ）かどうか」、それを確かめる動物的精気の野性教育の癖がある。その教育の癖を江戸下町の時代感性を引きずる職人根性や武家気質といえるかもしれない。わたくしが隠し持つ教育への気質と根性は、実力をつけさせるために残酷なる人情に徹し、そして学問する心でものごとを見極め、教育の縁を尊重し、人間の品格形成への躾（しつけ）を目指していた。多くの研究と教育のプロジェクトに巻き込まれ、厳しさに挑戦してきた学生は、卒業後のその後の人生に浮き沈みによく耐えている。

そうした意味で今浮かび上がってきた卒業生、例えば、一般社員、中小企業の後継者、自由業に生きる者たちを含めて、大学の准教授と教授、会社の課長や部長から取締役・社長・会長、銀行の支店長から執行役員、そして地方議会の議員や国会議員、さらには公務員となり部長や局長の地位にある者たちの〝生きる・生かされる〟「縁と粋」の中にある、「教育の非情と非恨」のわが心を映し出してみた。そこからわが教育の自己点検が始まる。

思うにわたくしなりの教育の精神と手法は、若者に研究・教育の目標を与え、自分で考え、その結果だけを求める〝突き放し〟方式だった。それはよくいえば自律する精神の育成、自主尊重の生き方の教育だが、悪くいえば方向だけ示す放任主義である。学生たちはそんな滅茶苦茶な自由教育によくついてきたものだと、今にしてその縁のありがたさを深く悟り、同時にわたくしの身勝手な研究と教育を分かち合ってくれた弟子たちに感謝している。

昔話「桃太郎」に学ぶ師弟関係

さて、自分流の非情・非恨の教育、すなわち、情に流されず、恨みを流せる大学教育をわかりやすく言えば、日本昔話の「桃太郎方式」である。その教育方法とは、師弟関係のある若者の資質を、(1)「雉子」の〝飛べる〟、(2)「猿」の〝登れる〟、(3)「犬」の〝走れる〟の三つの方向へと動物的精気の能力開発を学生自らに目覚めさせることにある。

(1)「雉子の〝飛べる〟能力」を人間に置き換えれば、「高次元の構想力」をわが身に身体化させる意味である。

(2)「猿が木に〝登れる〟こと」の象徴的意味は、卒業後の生き残りへの「情報処理能力」をわが教え子たちの身につけさせることである。

(3)「犬が目標めがけて速く〝走れる〟能力」は、職場や社会に生きる個人と組織がその「目標達成への行動力」を油断なく磨くことを示唆している。

人間の桃太郎に従い、鬼退治に向かう「雉子」・「猿」・「犬」たちは、人間の中に残された「動物的精気」、すなわち、五感を超えた「直観的野性」（気づきの特性）の象徴的意味である。桃太郎のリーダシップ・モデルは、このような意味での人間の中に残された野性を汲み取り、自然の動物的精気に焦点を置く、人間の指導と教育のありかたを物語る。

それはそれとして、桃太郎の鬼退治の経営で、かれは雉子・猿・犬をどう教育したのだろうか。「経営学は、教育学でもある」。一つの仮説として言えば、人間の中に残されている「雉子」・「猿」・「犬」の野性、すなわち、動物的精気を経営資源として、桃太郎の経営学と教育学は成り立っている。もちろん、「雉子」・「猿」・「犬」は人間ではない。だが挑戦や変革の経営学とは、持続する昔話とおなじ教育原理の〝ことがら〟や〝ものごと〟である。教育と経営の絆は、まずは現場で生きる人間に、人間の命の源、すなわち、生きる・生かされている動物的精気の存在を気づかせることから始まる。経営と教育には人々を幸せにする最終目標がある。その幸福現場論は、難しい理論を振りかざすよりも、持続する神話と昔話の方が、人々に食物連鎖の縁と粋に生きる感動をわかりやすく教えるものだ。

見える形・見えない心

桃太郎伝説に現れる「きびだんご」とは、目標達成への〝見える形〟の褒美である。そのきびだんごは、家来（部下）の雉子・猿・犬の成し遂げた鬼退治への褒美だとしても、その見える褒美の形を超えて桃太郎主従には、〝見えない形〟のわかちあった「価値の物語」がある。その価値とは、異なる主体どうしの相互交流にみられる、自分と相手が揺れ動き抱きつづける内心の信頼関係のことである。

ここでの褒美を単なる「モノ」（物）としてみるのではなく、組織構成員たちの目標達成への心の絆、即ち、仕事への忠実な連帯の心構えの形成である。若者は、突き放されて、目標のコトガラを成し遂げる努力過程で、「見えるモノ」（褒美のきびだんご）の形から、「見えないモノゴト」、すなわち、相互信頼の心の成果物を知るように成長する。

わたくしの掲げる課題目標へ、ひたすら熱中する学生の真実なる相互関係の心をわたくしは信じていた。またその真実に報いる褒美とでも言うべき学生からの期待をわたくしはわきまえていた。ハッキリ言えば、大学とは誇りをもって社会に〝売れる人間〟をつくることだ。そのものたちの就職機会づくりを目指して、わたくしは卒業生の未来の物事やその事柄を、彼ら・彼女らと共に喜怒哀楽で共有し、自己学習し、そして試行錯誤で突き放す教育をしてきた。

卒業後の学生は、わたくしの志す研究・教育の目標の場から卒業し、それぞれが新しく帰属する組織の目標の場に向けて、大学研究室で固めていた仕事への忠誠心とその実力を発揮し始める。

その後の観察を続けてわかったことだが、大学時代に培った桃太郎方式の「雉子・猿・犬の動物的精気」、すなわち、「飛ぶ・登る・走る」の生活リズムが変わらない行動様式となり、新しい環境でもその生活リズムを弟子たちは持続させていた。

その動物的精気を発揮する環境には、弟子たちのその後の人生の出会いの運・不運がつきものである。それでも悪運を乗り超えて、新しく創る人生の出会いもある。一つの発見だが、学生時代の人間味のつきあいの濃淡が卒業後人生舞台での動物的精気の発揮具合の決め手ともなる。正直いえば、人間味の濃いつきあいのあった弟子ほど、新しい職場での未経験の目標への突き放しの教育効果がみられる。

人間の中に残された動物的精気を基軸にした桃太郎方式の教育は、紆余曲折しながら約半世紀にわたり続いた。そしてチームワーク、異なる能力のネットワーク、感動する気持ちの分かち合い、そしてプロジェクト志向の教育実験は、それなりに成功を確認できた。それは少人数制の大学教育の恩恵ともいえる。

わたくしは東京下町生まれの戦前・戦中派で、子供の頃からの街のガキ大将気分で生きてきた。その後も、ガキ大将の桃太郎教授になりきっていた。学生を引っ張っていこうとするボス的な気性と行動のリズムがわたくしの教育特性である。敗戦後の日本を背負って生きてきた意気込みと、戦争には負けたがもう外国にこれ以上に負けたくないとする意地がわたくしの中に居直っている。それでも浅草オペラのエノケンや、渥美清の演じる虎さんの偽悪演技に共感する生き甲斐を求め、義理人情に秘めたる善なるものをほのめかしたく、やせ我慢の無理した生き方の苦悩もなんとなく自覚している。

グローバル人間の生活リズム

さて、弟子たちは卒業後の職場人生で、〝走る・登る・飛ぶ〟の桃太郎型の生活リズムで生き、やがてわたくしに似てきて、桃太郎人間を演じるようになる。弟子たちは追従者から指導者へと目覚めて、新しく生き始めるわけだ。わたくしの過酷な悪餓鬼の突き放し特訓を受けた弟子たちは、かくして「犬・猿・雉子の忠誠モデル」から脱皮して、そしてわたくしと同種族の「桃太郎型の指導者モデル」へと昇華する。

弟子たちの桃太郎振りには、わたくしが口にしなかった突き放し行動への共感がある。その共感は、彼らそして彼女ら自身の心構えとして定着している。どこで住んでも、また仕事をしていても、その生活姿勢は、次の三つのグローバル人材の日常生活リズムになる。

(1)「考えること」—現象から真実を感じ取る
(2)「創ること」—総てに精神のある人間の形をつくる
(3)「遊ぶこと」—揺れる意味を大切にして、縁と粋を楽しむ

「情けと恨み」の縁の教育

高いレベルの目標へむけて学生を突き放す大学教授の教育理念は、縁と粋に生きることを求める学生に仕事を与え〝非情〟に（情を消して）扱うことだ。そのことへの恨みもあるだろうが、〝非恨〟の（恨みを消す）未来の能力を相互に信じるしかない。

話を端折る（ハショル）としょう。非情と非恨のグローバル教育への想い出は次のような指導と協働の組み合わせで成り立つ。

●〝走る・登る・飛ぶ〟の「犬・猿・雉子型の協働」
●〝考える・創る・遊ぶ〟の「桃太郎型の指導」

この二つのレールの上を、連鎖し平行に走る人間の姿・形が、グローバル人材の育生をイメージとす

るわたくしの教育論である。今のわたくしにとって、大学でのこれまでの教育についての自己評価だが、多くの課題に翻弄され、厳しく突き放され、それでも、浮かび上がってきた弟子たちの地位とその能力の背景には、「教授の非情（情けに非ず）」と「学生の非恨（恨みに非ず）」とが〝連理の枝〟となり、また〝比翼の鳥〟となり、人間臭さを残す愛憎と信頼の教育関係が持続していた。

次なる峠を目指しわたくしはまた歩き始める。孤独な学問の道はまだ続く。ここに自覚するわが教育の非情と非恨とは、わたくしとの縁を粋なものにしようとする残酷なる崇高さと、その厳しさの愛に耐えられる人間の魅力とから成り立つ、師弟関係の相互行為であった。

余計なものを削ぎ落とし、「情けと恨み」の教育を無用なものと押しつぶし、開き直りの学問する粋（生き、活き、意気）は続く。そのエゴイスチックな教育人生に、切るものは切り、繋ぐべきものは繋ぎ、切り・繋ぎの孤独な大学教授の描く人間デザインが見え・隠れする。

あたかも市川團十郎の成田屋が、歌舞伎舞台で不動明王の切る残酷さや厳しさを全身全霊で顕にし、繋ぐ愛の優しさと温かさを隠し持つように、わが教育の縁と粋の思想は、残酷さと慈愛とが織りなす非情（情けに非ず）・非恨（恨みに非ず）の囲い込みであった。しかも、その囲い込みの教育文化特性は、切り繋ぐ不動明王も含め世界中の神仏からの後押しを期待して、グローバルな日本への未来の場づくりを夢見る別世界であった。

教育に生きる者は、教育に生かされる者と一緒に未来の場を夢みて、未来の場づくりへの当事者意識を休みなく擦り合わせる努力を生き甲斐とする。そんな別世界に「生き・生かされる」人生の機会にただひたすら感謝の念を禁じえない。

経営随筆・縁と枠の感動日記から――その9

卒業生の定年記念講演

「自分史」が生きる

国際経営文化学会、通称、ＡＩＭＣＡＴＳの年次大会で、勤務先の定年を迎える村山ゼミの卒業生に「定年記念講演」をしてもらっている。「卒業後のサラリーマン人生を貫き、定年までよくぞ頑張った！」ことへの称賛と敬意からそうしている。その裏側の心には、学生を教育・指導し、就職先の決定にかかわったゼミナール教師として、「卒業生は幸せだったろうか」という不安への問いかけもある。

定年記念講演者には、グローバルなモノづくりの大企業や、地方銀行で定年を迎えた者もいた。その話の共通項が伝えたことは、「会社の中での精密な〝自分史〟をつくり、次なる人生への役割と控えめの感動を描く」。

人に歴史がある。社内の自分史はもう一つの隠れた英雄史となる。自分史がわたくしに語りかけてくれたことは、卒業生が入社後どのように変遷したか、その職場人生や転職人生である。社内での配置転換とその職務変化を両輪にして生きる場は揺れ動く。その揺れには内外の環境変化に連れて前進のみではなく後進もある。それでも動揺しない自分がなにごともなかったように淡々と自分史は語られていた。

職場人生に、欠かせないことは仕事が好きだということだと知る。自動車やカメラが趣味の延長ということで、その種の会社を選べば仕事が好きになるのも自然である。お金の動きだけに関心をもって銀行にはいれば、銀行の内と外の人の心理の予期せぬ動きに戸惑うことになる。好みどおりの会社と仕事が選べなかった者もいる。だが職場人生が、新しい好みをつくる機会となる。それでも仕事と会社の人間が好きになれなければ、転職の自由がある。転職する人生選択にも幸せが待ってくれている。

卒業生から教わる

定年後の人生で最も必要なことは、〝もう一人の自分〟を持っていることだと卒業生から教わった。定年になっても別の仕事ができる自分がいる。そんな自分が定年後も社会の架け橋となれる機会は、培った趣味の世界か、資格をとるか、仕事の専門能力のあるなしである。つけ加えていえば、定年後は親からの遺産の活用の仕事もある。また、子会社で定年後の仕事を頂戴する者もいる。親しかった卒業生は、ふるさとの自然に還り、親の農業を継いで定年後の人生に生きる。また、自営業の親はわが子の定年や退社を期待している場合もある。資格を持つプロフェッショナルな親たちはその死後、己の仕事をわが子にゆだねたいものである。

事情があり転職を重ねてきた者にも、〝もう一人の自分〟探しの旅がある。転職には「人生すべて旅の途中」の決断がつきものだが、これからの定年という思考とは別に、死の間際まで新しい仕事を夢見るものたちもいる。社会はその者たちの夢を追い求める旅のおかげで、もっとよくなるものとわたくしは信じている。

これまでの定年記念講演には、連れ添ってきた伴侶の話に欠けるか、遠慮気味なところがあった。そのことに触れて質問すると、異口同音のその感謝の言葉をとつとつと伝えてくる。会社や仕事の縁に生きて、定年を迎えた者の幸せ感は、妻との縁に支えられながらの、〝控えめに〟生き抜き押し殺してきた「粋の美学」である。長きに渡り連れ添ってきた妻との偶然の縁を、粋と不粋の混沌で現実に生きてきた物語が、卒業生から聴きとれたわたくしの一番感動した話であった。その物語には、定年なき結婚人生がきらりと光る。

経営随筆・縁と粋の感動日記から——その10

経営文化は、芸術感性の教育だ!

芸術と経営の架け橋づくり

「経営文化は、芸術感性の教育だ!」という旗印の下に研究仲間が集まった。参加者たちは芸術と経営の絆を長年思案し、あれこれ苦しんできた。それでも日本発の経営文化と芸術文化のグローバル教育の探索を諦めない。縁と粋に〝生きる知的感動〟の経営文化、そして芸術感性を学問と経験で創る。そんな目標を共有して、わたくしの研究仲間たちは、国際経営文化学会の研究交流の場で対話を重ねてきた。

ここに求める縁と粋に生きる知的感動の芸術感性とは、日常の生活の営み(広義の経営現場)で、共に分かち合える価値を創り、その価値を共有できる現場感の喜びのことである。芸術と経営の絆には、現場の〝擦り合わせ〟の経験から創造的破壊へ発展する共創の価値の発明がある。現場での芸術感性と経営感性の融合教育を通じて共に生きること・共に生かされていることを学ぶ。言い換えると、芸術と経営の共生と棲み分けの感動は、それぞれに生きる者たちの現場にあり、かつまた、それらの物語性の中にある。二〇一三年一一月二三・二四日、冬の千葉大学大学院社会科学研究棟は、「経営文化は、芸術感性の教育だ！」という統一テーマの下に、いつもの国際経営文化学会の年次大会よりも熱気が籠っていた。

「経営から芸術を求め」、逆に、「芸術から経営を求める」。その両者を繋ぐ架け橋づくりへの研究交流は、未知なるジャングルへの小径をゼロから拓く努力かもしれないが、後世に残る創造的作品が光り輝く星のように散りばめられていた。例えば、「歌舞伎役者と経営者」のヒーロー的な存在意味に関する研究報告もその一例だった。

米国から帰国している今、「未来の場づくり」にわたくしは生き甲斐を感じている。これまでなおざりにしていたご縁を〝ふりだし〟に戻して、また、人生をリセットし新しくする情熱は、やはり限りなく広がり深まる学問への小径である。そんな小径の道標となる、国際経営文化学会の二〇一三年度の統一大会テーマを、みんなで考えつぎのようにまとめてみた。

学会の統一論題

銀座・交詢社で開催された二〇一三年三月二日の国際経営文化学会の企画会議での意見交換と討議の

結果、本年度の統一論題は「経営文化は、芸術感性の教育だ！」に決まった。決定の過程では「情」と「理」の対極性だけでなく、光と影、嘘と真、美と醜、南と北、そして経営と芸術などの二極性の問題と、その両極を結ぶ絆とは何か、あるいは、その両極間の〝緊張の崩れ〟とは何か、という問題などが討議された。

グローバル現象が、ローカル化とグローバル化との二極化の対立を表出してきた現代において、その緊張関係を解く問題解決の哲学と行動は、〝生命連鎖の〟芸術感性を体得する人間づくりにある。

ピーター・ドラッカーの求めた経営と芸術とを結ぶ直観的な感性は、「リベラル・アーツとしてのマネジメント」の社会生態的な機能にむけられていた。同夫妻が収集してきた「山荘コレクション」のなかに収められた日本の水墨画や禅画などを媒介にして、ドラッカーは、「二極性の真理を問う―経営文化は芸術感性の教育だ！」ということを象徴的に暗示している。

別な言い方をすると、「芸術は教養で、経営も教養だ！」、同様に「経営も教育で、芸術も教育で、教養ある人間づくりをめざす！」ということだ。すなわち、わたくしどもの国際経営文化学会が目指してきた、経営文化と国際経営のあいだの際崩しと橋架けの研究領域が、その専門能力の基盤となる教養能力を含めて、「経営教育＋芸術教育」の方向へとその広がりと深まりをより特色づけるように進化してきた。

ローカルとグローバルの擦り合わせ

芸術教育と経営教育の両極を含めて、すべての二極化現象とその統合化が地球や生命の必然の過程である。それぞれの主体間の混沌と紛争が融合する渦の流れのなかに、洞察すべき真理があるに違いない。その手がかりを人間に共通し持続する芸術感性と経営感性の融合過程に見出せる。

そうした芸術感性と経営感性の両極間の融合過程を包含する学問と教育の縁、その縁につながる知的感動の人生探しはまだまだ楽しく続く。例えば、芸術に社会マーケティング志向を取り込み、芸術の専門知識や解説・評論の枠組みから離れて、一般大衆の感動欲求や庶民の市民感性のもてなし（Entertainment）の方向に向けても「芸術と経営の絆」を進化させる。

帰国後も継続できた学問・教育の絆の日本の仲間たちに向けて、ただひたすらその続くご縁に感謝し、この頃は新しく発明する枠を楽しむ日々である。「縁と枠の感動に生きる経営―グローカル・にっぽん」が、そうした学問仲間たちと協働して、「知的感動の人生探し」にもあることを知る。最近ではその意味をしみじみと深く掘り下げ実感している。

このようにして生きる・生かされる縁と枠の感動を人々が相互に求めるとき、辺境のローカル日本と先端のグローバル世界の区別は希薄化し、縁と枠の感動の発信と受信の相互交流には国境の障壁は消える。というのも、縁と枠の感動に生きる経営は、自分からだけの一方交通ではありえないからである。

縁と粋の感動に生きる経営には〝双方向の交わり〟（共創、共有、共感）がある。ローカル日本とグローバル世界の〝擦り合わせ〟現場には、相互互恵の幸せと生き甲斐へと発展する〝別物（分派）の〟縁と粋の発見がある。日本の伝統価値を超えて別物の縁と粋に目覚め、悟ったときの感動の再生が創造的破壊の源流となる。例えば、アメリカで産まれて世界に普及するカリフォルニア寿司や中国本土製の米国ブルックス・ブラザースの紳士服には〝別物の〟縁と粋の芽が育ち始めている。

進化するグローカル教育事例

自他関係や異種相互間に伝統と別物のそれぞれの異なる縁と粋の感動の〝双方向の交わり〟の事例を探してみよう。千葉大学でのゼミの教え子の小田部正明君が、アメリカの大学でわたくしと同じように大学教授となり、幸せと生き甲斐を自分のものとして立派に生きている。彼は、別物の縁と粋を世界に広げグローバルに生きている。

その一方で、中京大学「グローバル経営論」の教え子・広岡恭子君がアメリカ留学を終え、名古屋の中電ホールでの長唄演奏を毎年立派にこなし、今年はわたくしが未熟に唄う「長唄・勧進帳」にタテ三味線を上手に弾いてくれた。そんな彼女にとって経営（仕事）と芸術（遊び）の絆とは、日本の伝統文化の保存の縁と粋に生きる感動である。

さらに、シアトル大学の米国人の教え子のスージーとアリーシャがわたくしの講義「経営人類学――日本の企業文化と経営戦略」の現場を求めて、この春日本へと旅してきた。縁と粋の感動に生きるグローカル・にっぽんの経営、即ち、文部科学省や経済産業省が推進する〝クール・ジャパン〟の「超国境的に生きるビジネスとカルチャー」には、日本流の縁と粋との思想が確立しているはずだ。東京浅草の検番通りの裏手にある寿司屋で、このアメリカ娘たちに本物の寿司文化との縁と粋の現場思想の教育を試みたときの発見だが、縁と粋の感動に生きるグローカル・にっぽんがその場の客を巻き込み絵になっていた。その発見は、発明であり、下町寿司職人はカリフォルニア寿司とはちがう別物のアニメ寿司の発明で、アメリカ娘をもてなす〝更なる〟別世界、すなわち、芸術と経営の絆の新市場を拓いていた。

今のわたくしの超国境的な感性と理性は、例えば、日米間によりよく共有できる縁と粋の思想を未来にむけて求め共創する方向にある。こうして、スージーとアリーシャを含め日米間での縁と粋の感動の価値の共有に生きる経営は、未来の場づくりへと異要素間の〝擦り合わせ〟の道を辿り、国境を消す経営文化の世界をつくる。人々は、その擦りあわせ現場を共有して異なる他者を砥石にしてグローバル市民人格を磨き・磨かれ、そして対立矛盾の自己同一過程に生き・生かされる。混沌（カオス）は、美しい秩序（コスモス）である。

芸術感性と経営感性のグローカル融合

これまでの議論をまとめてみよう。芸術と経営とを結ぶ縁と粋の思想は、ローカルとグローバルのそれぞれの誇りに生きる人間同士の対立矛盾や混沌の現場から生まれるものだ。その混沌の現場での対立者同士の誇りの〝擦り合わせ〟が異なる他者を自己内包化できる器の人間を育て、生れ変わる自己との出会いをつくり、そして自他相互に共有できる経営文化の実在、すなわち、芸術感性と経営感性のグローカルな融合世界を悟らせてくれる。その悟りへの過程には、人間の尊厳を形にする自律性への相互理解と、その人間個人の他と共に生きる生命連鎖への場（ば）のグローカル組織観とが揺れ動く。

生きる・生かされる実感の縁と粋の経営とは、このように自律願望の自己と他との共生への締め付けとの狭間にあって、より自由と信頼の〝未来の場づくり〟を求める生き方にあるのではなかろうか。そこには、グローバルに自分が変われば、ローカルな相手も変わるとする信念が、天に届き、地を動かす自然秩序の働きを寄り戻す。

第III部　変える縁と枠

経営随筆には、「〝変える・変わる〟事象への直観的な洞察がある」。その洞察力が経営随筆の読後に考えさせられる何かを読者の心の中に残す。それは自分を変えたいと願う変革への動機づくりである。例えば、東京の銀座が素敵だとおもう地方の商店街の人たちは、銀座に感動して地元の地名を被せた銀座の街をつくる。より良い方向への縁と枠の変身願望がそこにみいだせる。自分が変われば、相手も変わり、その変化で、また自分も変え続けることができる。そうした意味での変わる縁と枠を、再帰性（reflexivity）と呼ぶ。その事例となる経営随筆を五つこれから紹介したい。この事例を当事者意識で読まれて、その上で未来の場づくりへむけて「変える縁と枠が読者自身の中にあるのだろうか」を考えてもらいたい。

経営随筆・縁と粋の感動日記から——その11

東京駅が、街になる

感動ビジネスが、駅賑わいの火つけ役

「まちづくり」もそうだが、「ものづくり」が同じ作業を繰り返すとき、その感動は長続きしない。そこで、これまでの古いものづくりの方法から、新しいものづくりの方法を発明して、〝変わる感動〟をつくらざるをえなくなる。製造業と小売業、そして街づくり産業も含めて、その反復作業には感動が徐々に陳腐化する。そこで、感動の誘因と過程を常に見直し、ものづくり、セールス活動、そしてサービスに〝変わる感動〟づくりのためにその変動誘因を組み込む努力が必然的行為となる。別な言い方をすれば、縁と粋に生きる感動は変わるものである。だから新たなる感動をつくれる創造的破壊への工夫とその実践能力が、現在から未来への架け橋的役割をより強めるようになる。

例えば、最近の東京駅は〝変わる感動をつくる〟先駆的な「駅の街」に進化し、日本を超えて世界に

クール・ジャパンの〝感動ビジネス〟のモデルとなりつつある。「東京駅が街になる！」、という創造的破壊のスローガンで東京駅は大変身した。探せば、「The Tokyo Station City」というハイカラ文字が、東京駅の日本橋口の柱に控えめに書いてある。

全国からの人々が、大改修した東京駅にやってくる。駅の中の新しい街づくりに充満している〝魅力の正体〟を見極めたく、多様な人達が東京駅へ目を輝かし集う。週末や祝日に家族連れで群がる東京駅の街風景は異常な熱気で大混雑している。その状況はまさに驚嘆に値する。東京駅の今の姿は、現代日本の先端的な技術と経営の革新がもたらした、顧客創造と顧客満足の巨大神殿と化し、世界を招き込む〝巡礼の道〟とでもいうべき、新・消費文明の心情をわたくしどもに喚起した。

十数年前、ＪＲの企画スタッフから東京駅の両脇の土地に新しいビルを建築するにあたり、その構想づくりの件で相談を受けたことがある。それまでのわたくしの研究活動は、都市のグローバル化や街賑わいの産業起こしをめざし、世界の国際空港の民営化や、港湾機能の高度化、世界都市の再開発状況、コンベンションやコンファレンス型の都市集客産業などの実態研究で飛び回ってきた。パブリックに奉仕するＪＲにお役に立てばと願い、その研究成果を数回にわたり紹介させてもらった。

おもいおこせば、千葉の幕張メッセ、成田空港、海ほたる（東京湾横断道路）を結ぶ「陸・空・海の三道交差」の構想の下に、東京湾周辺地域の都市活性化と新産業づくりの研究成果の紹介をした。また、東京都の委員会の委員として、有楽町界隈の東京国際フォーラムや、埋め立て地での国際会議やトレード・ショウー建設計画や、その運営の経営戦略づくりについても紹介させてもらった。まだ追加することがある。それは横浜の〝みなと未来〟計画。構想段階で研究仲間と一緒に国や市を巻き込み、「陸からではなく海から港をみて、みなと横浜の価値を創る」。そうした港町再生の視点を都市工学の専門家らと共同研究で提案させてもらった。かくして、赤レンガの倉庫も残り、環太平洋とつながる巨大なシンボルビルもできた。

そうした経験が、街づくりと都市集客産業へのコンベンション経営戦略や、コンファレンス・ミーティング・イベント・観光などのホスピタリティ産業起こしの提案となり、わたくしの著書にその種の提案がまとめられている。ＪＲスタッフは、その本の中から〝感動ビジネスの提唱〟のアイデアを東京駅の改造計画に盛り込みたいとのことだった。特にテナントを効果的に誘致するマーケティング戦略から東京駅の縦方向と南北駅側の全面的な再開発デザインとの関連からの相談だった。その時に提案したことばが、「The Tokyo Station City」（東京駅が街になる！）というコンセプトだった。

東京駅は、地方ブランドのショーウィンドー

「東京駅が街になる！」その発想の起源を次に紹介してみたい。新幹線時代は、技術革新による移動時間の短縮で、東京駅は〝地方のエネルギーの塊〟を運び込んでくる。地方が東京になり、東京が地方になる。例えば、地方の地酒を東京駅の街の中で〝立ち呑み〟でき、地方の目抜き通りや裏通りや繁華街が、東京駅の街並みになる。その一方で、新しい駅の街づくり効果で、銀座などの周辺の街の活性化

になるだけでなく、寂れた川向うの下町にも地方のエネルギーの塊が流れるようになる。

こういうことも提案しておいた。欧米の伝統のある駅から学べたことは、駅はその都市の魅力を演出してきた。駅にはその都市を象徴する歴史建造物、ホテル、レストラン、そして郵便局やギャラリーがあるだけでなく、その都市文化を象徴する目抜き通り、賑わう街、芸術の感性がある。

ニューヨークのグランド・セントラル駅構内のショッピング・センターや、中部国際空港の伝統と現代を織り交ぜた空港商圏づくりも新東京駅にとって参考になる。海外でのフィールド・ワークでの観察や印象からもあれこれとJRスタッフに提案をさせてもらった記憶が残る。

新幹線だけでなく、高速バスの恩恵で東京駅はますます地方との縁を強めてきた。千葉の里山に住むわが家族も、高速バスのおかげで東京通いが容易となる。ましてや、韓国と中国、東南アジア諸国などの外国人の移住者や観光客の往来もあり、東京駅はグローバルな色を濃くしてきた。風景としても楽しめるが、日本の景気低迷は、外吹く風のごとく、新しい駅の街・東京駅に行き交う人々の顔は生き生きとし、食べること・買うことを楽しんでいる。

シアトル大学の村山研究室で教育助手（TA）をしていた賢い台湾女性が、商用で東京にきた。東京駅中商店街のキッディ・ストリートで、お目当ての〝グローカル・にっぽん〟（クール・ジャパン）のアニメ商品を土産にと、彼女は夢中でその商品を探す。その光景をわたくしは不思議な思いで眺めていた。

この土曜日も、妻と東京駅の日本橋口でバスを降りると、「Ｔｏｋｙｏウォーク２０１２」の文字を胸に下げる老若男女の集団と出会った。リュックサック姿が数珠つなぎに東京駅構内を横切る姿は、山歩き風の都会の装いだった。老いも若きも包み込むその道行は、駅を舞台にした現代日本のファッション・ショウのようにも思えた。

大衆が駅との縁で粋を変え始めた。その感動の風景をグローカル・にっぽんの駅に改めて実感した。「東京駅が街になる！」そのイメージがさらに膨らみ、東京山の手に住む人たちや、地方の人たちにとっての東京駅は、未知なる東京探検の基点となる。広がりのある新しい駅の街は、都心のジャングルへとつながり、歩き回る遊びの空間となる。迷える東京の街角を水先案内人の指導で、東京都心の歴史をみずから知りたいとする情熱、そうした地方のエネルギーがそのリュックサック姿の形に充満していた。

東京駅界隈の広がり

東京駅だけを「東京の街」とみなして、ここだけで満足する地方からの歩行者は、やがてThe Tokyo Station City（東京駅は街になる）から抜け出して、その周辺の東京の魅力へ目を向けるようになる。そうしてスカイ・ツリーのある向島界隈にも足を向けはじめていた。あわただしく、下町スカイ・ツリー行きの直通バス乗り場も東京駅八重洲南口の玄関前にできた。定年までの勤めに没頭してきた東京首都圏に住む者たちは、意外にも東京下町の魅力をしらないまま生きてきたようだ。定年後は東京下町の川の見える風景に言い知れぬ愛着を感じ、数珠繋ぎの集団の一員となり喜々と下町見物に来る。おなじように、若者は秋葉原界隈に先端的な電子情報に関心を抱くだけではなく、自分の足で見聞するＴｏｋｙｏウォーク２０１２にもたくさん参加していた。

わたくしの感動は、そうした人たちの感動を、わがこととしてワクワクする感動だった。ハッキリいえば、グローバル経済の限界にもめげず、境界のないグローバルな感動の人格が、街づくりの心をデザインし、地方の人たちの言葉とわかちあいながら、「東京駅が街になる！」再開発構想の実現に生かされていたこと。その裏側の都市の経営哲学は、東京駅が再生すれば、日本の都市文化と日本経済がその再生につながるとする信念である。その信念がグローカル・にっぽんのThe Tokyo Station City構想を産んだ。幼い遊び心の夢の文化を象徴する駅の街のキッディ・ストリートは、日本の街づくりと未来市場をピラミッドの基底から掘り起し、グローバル市民にまだなりきれないまでも、グローカル庶民感性（例えば、ローカルな住民意識）からの〝未来の場づくり〟を夢見る感動表現だったのである。

都市の哲学と公共の美学

この変わる感動を日本人の心の源流へと遡れば、日本文化の封建制の中に培われてきた近代化の精神がうごめいている。その企業家精神は、格差社会を超えて上と下の階層を繋ぐ、〝創造的破壊〟への「察しの思想」と「思いやりの行動」である。その思想と行動こそが、内発的発展の「公共の美学」を芽生えさせる。

東京駅の変わる縁と粋の感動づくりは、これまでのお役所仕事との縁を感じさせない別世界の性質のもので、隠し持つ東京文化の創造的破壊の個性表現でもあった。その都市個性は、ローカルな起源の独自性とグローバルに収斂する標準化とをつなぎ、変わる縁と粋の世界をめざす〝感動文化グローカリズム〟である。別の目線で言えば日本経済の再生は、変わる都市との縁と粋の感動をつくり、日本各地でわが都市を世界商品に磨き上げることにある。そのためには、世界に誇れる日本の地方文化の探索と紹介の場が絶対的に求められる。新しい駅の街・東京は、その期待に応えていた。かくして東京駅は〝巨大な田舎（田園都市）〟モデルとなる。

駅の街には、グローバルな都市とローカルな地方とを結ぶ格差是正の〝公共の哲学〟がある。東京駅は、人々を平等にし、参加の自由を楽しめる公共の哲学の実践の場である。「東京駅が街になる！」その街づくりコンセプトは、この公共の哲学を根っこにした都市の美意識から生まれた。言い換えると、グローカル・にっぽん（クール・ジャパン）への感動の価値認識は、駅の街の基層に内在する公共の哲学を未来の感動の場づくりへ、すなわち、都市景観や都市観光へ移し替える創造的破壊の過程の中にある。

最後にわたくしが実感できる駅の街、東京の公共哲学とは、隠れた地方の誇りを生かし、開かれた競争機会を顧客のものとし、不当にならない値付けと品質で奉仕する企業家の精神である。そうしたことが店舗の持続性や移り変わりの中に見極められる。独占を好まぬ駅の街の〝グローカル市民の目〟は、地産地消の「道の駅」より厳しいものと知る。そこには、鉄道や駅が公益の実在であり、かつ多様な顧客サービスへの公正さの市場原理がその公益性の中にも貫かれている。そして、「烏（カラス）が鵜（う）の真似して溺れる」隠喩を教えとして、地方文化が地方文化らしく、東京駅の街中でも地方の誇りを背負ってグローカル・にっぽんのビジネス・モデルをその関係者らでつくり上げてもらいたい。

経営随筆・縁と枠の感動日記から――その12

なぜシアトルが好きか?

シアトルに住む

シアトルでのわたくしの住まいは、パイク街路とパイン街路のあいだのボイルストン通りの1511番地にあった。招聘されたシアトル大学へは、徒歩一五分程度のところにある。キャピタル・ヒルと呼ばれる山の手文化地区の麓を、屈折して続くマーケット通りを横切ってシアトル大学へ毎日通った。その道の曲がり角には、シアトル・コミュニティ・カレッジがあり、マーケット通りを左へまっすぐ行けば、シアトル大学と反対方向のワシントン大学にたどり着くことができる。

大学への通勤路の街角には、静かな町の賑わいもあり、普通よりちょっと上のクラスのスーパー・マーケット（QFC）と、ガソリン・スタンドと、そして都市銀行がある。これらのお店はありがたいことに二四時間営業なので犯罪予防の交番の役割をはたし、わたくしは早朝から夜更けまで安心して徒歩通勤できた。昼食時には一時帰宅もし、そして三年間を超えてシアトル大学の村山研究室で、充実した研究と教育の日々を送ることができた。

シアトルに来たがらないアメリカ生まれの妻をシアトルに遊びに来させるために、シアトルの魅力を伝える戦略を展開した。シアトルのアップル・パイは、ニューヨークのそれより旨いとか、この町のタコスはロサンゼルスのよりおいしいといって、妻の胃袋をあれこれ攻略したが、すべて落胆させる結果に終わり、シアトルの食文化の魅力は、彼女のものにならなかった。

それでも、妻のシアトル訪問を成功させた仕掛けが二つあった。それは、〝桜〟と〝紅葉〟だ。シアトルの春の桜は町中に広がり、華やかにして、心がわくわくする春の装いつくる。また、秋の深まりにつれての紅葉の色鮮やかさは、彼女の心に今でもありありと残っている。わたくしにとって、シアトルは春・秋のこの二つの都市の魅力だけではない。夏はさわやかに、すがすがしい日がつづき、冬は落ち着いて瞑想できる毎日だった。

ここの人たちが好きだ！

この街角界隈には、わたくしが親しく挨拶を交わした黒人と白人がいた。黒人はホームレスのケニーで、白人は近くの店舗付き中層マンションの管理人のジョーである。シアトルに家族縁のないわたくしは、この二人と早朝にすれ違い交わす挨拶で、シアトルでの地元の縁をささやかながら感じていた。

ケニーの特技は、釧路湿原の鶴のように立ったままの粋な格好で寝むれる能力である。路上に生きるホームレスは、道で横になって寝ると警察に連行される。そこでケニーは〝立ち寝の技〟を身に付けていた。厳寒の冬の暖や、日常に欠かせないトイレの場所、政府援助の食品切符で買える食品類は二四時間営業のスーパー・マーケットにすべて整っている。健康管理には、そのスーパー・マーケット周辺の街角を回遊すればよい。しかも体力を消耗させないようにゆっくり歩く。

ケニーは、決して物乞いをしない。それでも彼が別の道で小走りに歩く姿を一度だけみたことがある。行政や慈善団体の施設でときどき食事にありつけ、宿泊できる時間帯を獲得していたようだ。そんなときのケニーの足取りは速い。下町への道を一気に駆け下りる。それでも着ているものはいつも同じもので、押し殺した灰色を好んでいた。

ケニーの魅力は、屈託のない天真爛漫な笑顔にあり、ホームレス生活の苦痛を感じさせないこの人間に、わたくしはある種の畏敬の念を抱いていた。ましてや三年間もシアトルの同じ街角にこだわり、そこに居続けるケニーの精神構造には、通常のホームレスには見られない何かがある。

ある日、わたくしは彼に思い切って聞いてみた。「なぜここにいるの？」ケニーはわたくしの問いにむけて一瞬考えこんでいたが、やがて一言、ボソッと言葉をもらした。「ここの人が好きだから！」（I like people here !)。多くの街角をさまよい、ここに定住を決めたかの如く、ケニーはシアトルの大学町の人々が好きなようだった。わたくしもシアトルの町の自然と都市の景観、歴史文化、地元企業に魅力は感じていたが、ケニーの発見と心境のように、「ここの人が好きだから！」という魅力発見にまで辿りついてはいなかった。いいかえれば、ケニーのレベルに達するほどには、わたくしはシアトルの人間をシッカリみていなかった。

なるほど、わたくしの住んでいるこのキャピタル・ヒルの町並みを愛して、ここに生きるシアトルの住民は多様な個性の魅力の持ち主である。この大学街は、音楽や絵画、そして演劇や映画などの先端的な芸術文化を受け入れ、また発信し、異色の食文化や、落着きのあるファッションや、多様な個性が織りなす街の人種の動きで、変わる感動の街の魅力をつくり、若者やプロフェッショナルを周辺都市から招きこんでいた。

ケニーは、街角に擦れ違う人々の〝姿・形の動き〟から、その人々の中に籠められた〝人間性の本質〟を感じ取り、人間を観ていたようだ。街の人々の素朴さ、簡素な美しさ、そして純なる精神性を好ましく嗅ぎ分けていたのだと思う。もちろん、その街角の匂いには、よくある都市の同性愛文化も含まれていた。

シアトルの街の風景には、人々のホームレスへの人権尊重の思いやりがみられる。ケニーの路上生活も、控えめの人権に生きる姿であった。白人の娘が、ホームレスの老人にタバコの火をねだられ、火を分け与えて立ち話をする姿をときどき見かけた。路上に生きる若いホームレス夫婦には飼い犬もいた。そんなシアトルのホームレス人生の選択に、ケニーは過去を語らず、ただ、「ここの人が好きだ！」という。その言葉の意味は、アリゾナからシアトルに戻ってきたマイクロ・ソフトの創立者のビリー・ゲーツの感性も含めて、多くの人々に共通するシアトル生活感性である。シアトルの街角には、緊張を感じないアジア系が多いことだとふと気づく。

ジョーが、街を美しくする

黒人ケニーはわたくしの方から挨拶しないと、挨拶が返ってこない。一方、白人ジョーは、早朝のわたくしを目ざとく発見して、大声でわたくしの略名モトーで、挨拶を飛ばしてくる。そこでの彼は、道路の清掃に多忙である。ジョーは自分の住むビルの玄関口周辺と、その周辺の舗装道路を毎朝きれいに掃除する。早朝の人気のない街角を、決めた時間に通るとき彼と顔を合わせる。

ジョーは、自分のビルから道路一つ先のＶＩＴＡ珈琲店の午前と午後の常連で、そこでも朝の言葉とはちがう、別の言葉の挨拶をこちらに投げかけてくる。こちらとしても、朝と同じ言葉の挨拶をしないで、いつも別の言葉選びに気を揉んでいた。このアメリカ人との縁には、わざとらしくない自然の言葉選びをわたくしはあれこれ工夫していた。

ジョーは、街の噂でわたくしがシアトル大学で教えていることを知っているとみえて、〝グーモーニング、プロフェッサー〟と、威儀を正して接してくるときもある。街を散歩する時のジョーには、ゴールデン・レットリーバが、賢そうな面をして同行している。

街角の縁で、彼と挨拶をするわたくしには、彼の日常性への尊敬の念がある。粋とは、清潔なことだ。彼の早朝のゴミを拾い集める掃除の精神は、街をきれい、美しくしたい、という彼の清潔感からである。ジョーのひたむきな道路清掃への情熱は、街を賑わし汚す大衆のエネルギーとは正反対だった。ジョーの自発的な清掃行為が、他人の利益ための利他主義で、自己否定だとすれば、その清潔感は他人への愛情の発露ともいえる。その反対に自らの利益を求めての清掃があるとすれば、それは何だろうか。彼の清掃行為にはアメリカ人好みで、アップルの創立者スチーブが求めた〝無から空なる〟禅的な精神性もあるかも知れない。わたくしは、そのことをジョーに聞いてみた。彼はこう答えてきた。「美しい街に住みたい」、だから「私が街を美しくする」。

彼の枠の精神は、他人と自分を区分しないで、目前の清潔そのものへの現実感である。街の美しさは、自分の内なる心と外なる形と重なる。ジョーは、行政依存や他者依存の「美しい街づくり」を期待しているわけではないようだ。ジョーの「私が街を美しくする」、その意味は自らの美意識が清潔を求めるにすぎない。街の清潔を身体的に自己表現するジョーは、自らの力で美しい街をつくり楽しみ、生きたいとする。その生き方からは、彼の隠し持つ自律心の〝開き直り〟が感じ取れる。

ジョーのこれまでの人生には、舞台俳優の過去がある。舞台人生を諦めた彼は、演劇舞台を生活する街の賑わいに移し、清掃という演目の一人芝居を続けている。その自己変革には、舞台の枠を街角の枠と捉え直し、その決断で箒とゴミ箱を手に、「私が街を美しくする」、と決意し、そこに〝活きな〟勢い、〝意気な〟形、〝生きる〟命を身体表現する。ジョーはそうやって自己を変える縁と枠の感動を選び、シアトルに生き甲斐を拾い集めている。

経営随筆・縁と枠の感動日記から——その13

身分社会を壊す英語の能力

〝英語底上げ〟の国家戦略

ヨーロッパの非英語圏で、例えば、フランスで地位（身分）ある人と対話するとき不注意に英語で相手に話しかけてはいけない。相手が英語をできないと恥をかかせる結果になり、その後の対話が気まずくなる。それなりの地位や身分のあるフランス人は、英語を教養、〝たしなみ〟や、常識として身につけている。だから英語ができない人は、身分の低い階層の出身とみられがちである。そんな発見を、約二〇年前にパリ、リヨン、デジョンなどのフランスの街で「日本の四季・伝統美フエスチバル・イン・フランス」のイベントを深川富岡八幡宮の宮頭・山口政五郎氏らとお披露目したときに教わった。

英語能力が身分社会と繫がっている事例を、多くの国でこれまでみてきた。例えば、旧英語系植民地のインドやマレーシア、そして香港やシンガポール、さらには、フィリッピンの英語能力は、個人の身分の階層的地位を上向きに社会流動させる。その波及的影響力は、その周辺国の非英語圏系の国々にも及ぶ。

タイを除いて、非英語圏のインドネシア、ベトナム、ラオス、カンボジアなどは、植民地時代のフランス語やオランダ語が支配する国であった。今では英語能力がビジネス活動と共に伝統的な身分社会を超える手段として日常生活に溶け込んでいる。

よりハッキリ言えば、英語能力とはその国の発展の条件であり、庶民にとっては生き残る手段となる。さらに強調した言い方をすれば、開発途上国にとっては英語が国家資源であり、情報交流優位の戦略的な立場をつくる。その事実に気が付かないでいるわがにっぽんは、経済優位の意識構造に甘えて、開発途上国へ貢献できる技術や知識が尽きた場合には、日本の凋落の可能性が見えてくる。

戦争体験による平和をものにし、その延長で〝井の中の蛙〟の平和でいられる日本の安定は、グローバルな英語世界から取り残されている。そしてまた、亀に追いつけない兎の自信過剰が色濃くなり、何か不安を引きずる。今や、英語はグローバル言語となり、科学技術の情報交流や人間交流も含めて、今後とも益々避けられない〝国境無き〟ビジネスの交流手段である。あるべき日本の姿は、グローバル競争の渦中で英語の比較優位を楽しむ後発諸国からも、今、謙虚に何かを学ぶべき時代を迎えている。それは、英語能力の底上げの国家戦略であり、個人と組織の自己革新への日本語と英語のバイリンガル（二重言語）戦略の構築と実践である。

日本の指導者の国際無知と、グローバル語学力の不足

日本では英語を話すと、異端視されて煙たがれる。そのことに英語のできる日本人は気を使い英語を喋らない努力をし、英語とますます無縁な人生を送りそして喋れた英語力も消えていく。

わたくしの個人的経験から日本人の英語能力と社会的地位とのあいだにみられる、格差、繋がり、生き様を振り返ってみた。そこには不可解な日本での二重言語の葛藤がある。その葛藤は、見える「英語の力」と、〝見えない〟「身分の力」とのあいだの説明に困る落差である。

日本人どうしで相互に顔を合わせると、英語が話しづらいし、英語を話すことが不自然な感じで言葉につまる。日本語が通じあえるのになぜ英語を話さなくてはいけないかと自己嫌悪に陥るからだ。また、みんなと同じように日本語を話さないと仲間外れにされる心配もある。

こうした心情には、「英語が駄目でも日常生活は困らない」・「英語がボスの地位ではない」・「英語のない方が、気楽でいい」・「英語を学ぶのは嫌だ」・「国内派が主流で、国際派は主流になれない」・「英語を話す者には、厭な奴が多い」などなど・・・。

このように、英語能力が低レベルでの教育平等化の潮流に流されて、グローバル競争への比較優位の身分制度に結びつかないのが日本の現状ともいえる。逆な言い方をすると、日本には英語で自己表現できない知的エリートや、政治、経済、社会的指導者がたくさんいる。そこで心配なことは、英語能力を

無縁として、制度や身分の上に胡座をかける日本の楽園が、やがて後発経済の英語圏からの者たちによって侵食され、グローバル競争優位の日本の力が破壊されていくことが予測できる。現代の日本でわたくしが最も恐れていることは、日本の指導者の海外事情への表層的理解からの錯覚や、現場の真実への国際無知であり、グローバル語学力の不足である。また、その限界を補うべき役割の政府外交と民間レベルの国際広報活動の未熟さにも困ったものである。中国や韓国の外交と比べて、特にその限界を痛感している。

「他者依存の英語能力」と「遅れる情報収集」

アメリカの大学で学位を取って帰国すると、その英語能力は便宜的に利用され、その国際知識は〝いいとこ取り〟される。そんな悩みを元留学生たちからよく聞かされた。国際派から国内派への知識移転がつまみ食い的となる。国際派の首尾一貫した価値観や知の体系までも、国内派はくみとれないのが実状である。他の国のグローバル化と比べて、グローバル化の遅れがある日本には、つまみ食いといいとこ取りの無理が後からの失敗や祟りとなって現れる。

それはそれとして、日本の国内コミュニテイの素晴らしさは、競争と平等とが混在している現実である。面白いことに、日本での英語能力は身分社会から拘束されない自由な存在である。だが、現実に沿って言えば、日本では逆に身分制度持続への補完サービスの恩恵を英語能力者がもたらす。その恩恵とは、タテ型権威の日本文化を残す組織の中で、上位への下位のサーバント機能である。国際人の英語能力が主役の地位ではなく、言葉の機能だけの別人格の役割を演じる。国際派の英語能力は、大げさに言えば、変革の指導者ではなく補完的な存在であり、利便的かつ技能的な使い捨てのサーバント的な役割人間と国内派の者たちからみられている。

上位身分の英語能力の欠落は、この種の別人格の英語能力に依存することで、真実なる直接情報を迅速に得られず、異文化の人間関係の綾にも触れられないマイナス要素がある。日本の大企業が、次々に韓国系や中国系、そしてその他のアジア系企業のグローバル競争市場でその指導的地位を奪われる背景には、上述のこれまでの甘えの英語活用構造、別な言い方をすると、「他者依存の英語能力」と「遅れる情報収集」の弊害を招いてきたことにある。しかもその弊害の仕組みの硬直化と、その問題解決へのグローバル人材の調達と供給の限界があきらかとなり、先送りできない危機状態にわたくしは、不安に駆られ、わが国の未来を憂えている。

日本の制度組織の権威や人間関係の恩恵に甘えて、指導者が国際情報や創造的知識を無料取りできた裏返しには、英語能力の遅れを顧みなかった日本の指導者の現場観の欠落と、既存の翻訳・通訳システムへの安住にもその問題がある。また、大学間競争で学生を顧客扱いし、英語能力を軽視して未来の日本の姿を描けなかった日本の国際基礎教育の低下にも、わたくしを含めて大学人全体が反省すべきである。

これからは幕末時代の下級武士階級が日本をつくり変えたように、バイリンガルの日本の精神性と語学力を〝二本差し〟（武士の魂）とする現代の侍たちが、〝国力の低下〟と〝庶民の不安〟からの変革の勢いをつくり、政治と経済、そして社会の構造改革へと貢献することを期待したい。日本語だけで既存のシステムの権威を維持し、自己保身の地位に固執するものたちは、わたくしの目からすると太平洋戦争での日本敗戦をもたらしたその頃の戦犯（戦争犯罪者）のイメージである。

以上の英語能力は、日本がグローバル競争に生き残る国家資源だ。英語能力を含むグローバル化の遅れへの問題認識が日本の国際化への基礎教育と未来の企業経営に深刻な暗い影を落としている。この危機状況を東北関東大震災と同様にわが国の〝国難〟とみるべきではなかろうか。例えて言えば、井の中の蛙が真水（日本語と日本国内）に慣れ過ぎ、大海の塩水（英語とグローバル競争）に自らが慣れ親しめない苦悩と悲哀が今の日本にある。自然や地球の環境変化に適合できない生物は死滅する宿命にあるので、未来への変わる縁と枠の発明とその実践を期待したい。次の時代への変わる縁と枠のグローカル・にっぽんの経営は、バイリンガル能力を、あたかも自家用車が日本で普及したように、国民的レベルで持てる個人の力を高めることである。今その準備を若者向け中心に真剣にしておきたいものである。

恰好が良い日本人の英語

「英語が喋れる日本人は〝恰好が良い〟、粋である！」英語をファッション感覚でこう捉える日本の若者、特に、若い女性は少なくない。英語のできる日本人を彼ら・彼女らはそう見ている。ホントウにそうなのだろうか。英語で講義することは、お隣の韓国ではあたりまえのことなのに、〝カッコいい！〟と言う日本人からは、英語コンプレックスの日本感性がその言葉から滲みでている。

英語を話す日本人は、格好の良い、粋な人とみられても、英語を喋るすべての外国人が粋な人といえない。英語をファッション感覚で理解し、国際結婚に走る日本女性が、やがて破綻する事例をシアトルではたくさん見聞してきた。それでも、日本女性は、破綻にめげず外国で立派に生きている。

今の日本で粋の本当の意味を知る人間が多くはいない。そこで、粋の意味をわかりやすく、その裏の意味の「〝野暮〟ではないこと」として、そう割り切って粋を再解釈すると、「英語の出来ない日本人は、みんな〝野暮〟だ！」・「融通のきかない人間だ！」という庶民の言葉で括られそうである。

日本人にとっての英語能力を、このように庶民レベルで捉えて「野暮とみられたくない」という日本文化の本質、すなわち、「日本人の恥の文化」に照らし合わせて見直すこともできる。野暮と言われたくない英語とは、上手下手に関係なく、その人の精神を形にする自己表現の道具である。日本流英語も、世界英語の一つに過ぎない。英語は英米の国だけの存在ではない。英語表現が稚拙でも、国際交流の機会に日本人の知性で勇気を持って前進し、未来の場の自分を夢見て英語を喋ることが、〝野暮な〟日本人にならない、〝恥を恐れない〟未来リーダーをつくる。

「身分社会を壊す英語能力」の勧め

英語能力の技能習得論や発展段階論は、それぞれの専門家におまかせするが、ここでの未来への英語能力の提言は、国家的視点から国民の英語力レベル向上への哲学・戦略論である。そのための教育論は先ず日本再生への国際基礎や既存の社会階層への〝チェンジ・エージェント〟、すなわち、わが国の未来への変革の中心人物の育成を目指すことにある。

変革者たちの二重言語（バイリンガル）、日本語と英語の両能力への取り組み姿勢と、その学習動機の形成に的を絞ってこれまで話を進めてきた。そこでの提案は、「身分社会を壊す英語能力」を自分のものにし、〝バイリンガル人生の楽しさ〟に己れ自身を目覚めさせることである。そうすれば、英語を下手でも話せるその後の人生が、己の変革を内発させ、変える・変わる縁と粋の人生をつくる出会いの機会となる。英語を生涯の伴侶とする人生は、未知なる世界との縁が粋なものだと折々に知るようになるであろう。今は亡き宮沢喜一元総理大臣も、毎日三〇分間、英語新聞を読むことを生き甲斐としていた。彼の生活リズムの中に、英語が生きていたともいえる。英語と自己との一体感が、総理の地位へのエネルギーだったとも言い切れる。

身分社会を壊す英語能力の最終的な目標は、世界の平和と安定を構築するための闘う道具を磨くことである。市場原理と民主主義、そして自由と平等の競争社会の持続を志す者にとって、既存の限界ある身分階層を壊す働きの、グローバル英語の技芸が不可欠な身体的条件である。硬直した階層社会へ挑戦する今の縁と粋を未来の縁と粋の舞台へつくり変えるため、改革を目指す人たちは、英語の技芸を身体的条件としてきた。また、平和破壊や、人権無視への世界の動きがあれば、その防御への最良の戦略的な準備としてのグローバルな英語能力が真剣に問われてくる。

他の外国語と比べて英語はグローバル言語である。もちろん、世界に通用する他の外国語、例えば、フランス語、スペイン語、中国語もあるが、ここでは英語を中心に話を進めてきた。だが、どんな言葉にもその言葉には魂が内在する。そこで、自他相互に共感できる英語で、これからの日本人はグローバル精神世界を揺るぎなく主張すべきだ。日本の国、会社、そして住民が国難の危機に遭遇し変革を求めるとき、そこでの日本人は自らの信念を己れの英語力で、グローバル環境変化に沿って変わらざるを得ない日本の縁と粋を〝魂の言葉〟にしなくてはならない。

最後に言いたい。己の英語能力でグローバル時代の変革に生きる縁と粋の精神世界を自己に一体化し、胸を張って堂々と変わる縁と粋の精神世界を英語で説くべき時代要請が今の世界にある。そこでの「変える・変わる」縁と粋の経営のあり方を求めれば、世界に通じる日本発のグローバル精神世界を英語の形にし、地球規模にみられる不調和の国際関係や格差社会を軌道修正する方向へと、わたくしどもは今後ますます英語を使いこなしていかなくてはなるまい。

そう覚悟して、英語能力を身体的に備えたグローバル・リーダーたちは、やがて変革への架け橋、触媒の英語の働きそのものを、〝自己主体性〟が漲（みなぎ）る内なる縁と粋の価値観とわきまえるようになる。そうした指導者こそ、真に格好がいい。

経営随筆・縁と枠の感動日記から──その14

わが子が、ハーバード大学に！

高島屋の「イエの価値」の経営

ニューヨークの五番街に高島屋が開店したのが、一九五八年で半世紀を超える以前の話である。留学時代のＭＢＡ学位論文の資料収集を縁にこの店のその後の栄枯盛衰を断続的に定点観察してきた。

高島屋は生業家業を原点とする典型的な日本の会社である。日本の農村起源の古典的なイエの歴史に会社の経営陣はこだわってきた。批判を恐れずいえば、高島屋の経営史を天皇制のイエ・イメージで見直すと、その持続する経営にイエ起源の理念がいぶし銀のように抑え気味に光っている。

日本の生業家業の小売業経営がグローバルな時代変化を取り込み、日本文化の天皇制にみられるイエ概念を疑似的に持続させ、顧客創造と顧客満足への市場競争に生き残る。高島屋の経営者は、伝統と現代の狭間で社員のみならず、所有株主や金融機関や、そして利害関係のある取引先や顧客など含めて総てが、「日本のイエ（家）とは何か」「イエの縁と枠に持続する経営はあるのか」「創業者のイエの縁と枠は、社員個人のイエの縁と枠と同じだろうか」など、わたくしども研究者に考える機会をくれる。天皇制の持続に正統制のイエ思想があるように、高島屋の経営にも、天皇家と同じように、血統・伝統・霊統などの継続の論理に紆余曲折があり、イエ概念をめぐってのその正統制の持続する経営思想が求められてきた。

イエの意識とは、個人のものか、組織のものか。同様に、経営、マネジメントとは個人のものか、組織のものか。イエが経営そのものと同じ仕組みであれば、迷いなく、生業・家業の会社高島屋は現代に生き、そして社員個人も、そうして生きられる。天皇家のイエの価値は、日本全体を象徴する唯一な存在だが、高島屋のイエの存在は、百貨店業界ではそうはいえない。他にも百貨店が群雄割拠している。高島屋に限らず、生業・家業の日本的経営のイエ会社概念には、その古いイエ思想の持続と、新しい経営思想の導入との間に隙間ができ、その隙間を調整するために「個人と組織」、あるいは、「個人間」や「組織間」の葛藤が生じるものだ。

わが子が、ハーバード大学に！

一九五八年の高島屋の五番街進出は、現地に大きな話題を呼び、予想以上の反響だった。日本本社から次々と中堅社員や若い人材が送りこまれ、交代していった。しかし、その経営は規模的にも商品面でも限界があり、やがて、業態変革をしたり、免税店に特化したり、さらには、高島屋ファッションをめざす甦りの努力を五番街で約半世紀にわたり努力してきた。

時々に、この店を定点観察するわたくしにとって、ニューヨーク高島屋に居続ける社員が一人いた。本社へ戻されないこの謙虚で屈託の無いニューヨーク店社員は、会うたびに年を重ね、会社・高島屋の暖簾を守り、ニューヨーク進出に会社、すなわち、イエの恥をかかせない努力に苦心していた。また、拙著「五番街の高島屋の経営」、米国シートンホール大学ＭＢＡ論文を丁寧に読んでくれ、その改善に役立っている感動も、会う度に言葉にしてくれた。

彼は、伝統の高島屋、すなわち、〝イエ組織〟の孤独な戦士として、ニューヨークで孤軍奮闘していたが、本社からも見捨てられそうな現地の悲哀は、わたくしにも感じ取れた。最後に彼に会ったとき、かれは一気にこう言った。「先生、うちの子供が、ハーバード大学に入った！」

その誇らし気な言葉に、深く考えさせられものが残る。彼の言う〝うち〟とは、自分のイヱのことであり、高島屋のイエではない。彼は、大きなイエ、会社・高島屋の誇りに帰属しながらも、失わなかったわが家のイエ、個人の家族の誇りに生き、そして、わが家のイエの誇りをアメリカに持ち込み、「うちの子供がハーバード大学に入った！」、これまでとは変わる縁と粋を感動の言葉にする。会社組織に生きるイエ運命を肯定しながらも、その言葉には個人の挫けない平等のイエ精神の響きが伝わってきた。

その後、ニューヨーク五番街の高島屋の位置が探せなくなり、最近知ったことだが、二〇一〇年の六月にニューヨーク高島屋は閉店して、アメリカから撤退した。赤字経営を顧みずによくぞここまで持ち続けたものだと、その暖簾を守るイエ精神の経営には頭が下がる思いがした。ニューヨーク高島屋に持続したイエ概念が五番街から観えなくなっても、日本の会社文化とは別に自立して、社員家族の〝未来の場〟を私はふと感じた。自由と民主、そして平等との縁と粋の機会が、アメリカに生きる高島屋の一社員の未来のイエに実現していた。この社員の変わるイエの感動づくりに心から祝福し、かつ日米架け橋の未来のグローバル人材のつくり方モデルも学べた。

アジア諸国のあるイエは、自国一番の大学よりも、ハーバード大学入学への競争をめざす。グローバル・リーダーシップを国家に代わって背負える機会があると、その親たちは信じているからである。韓国人や中国人の某イエは、その子供をハーバード大学へ入学させるために、母親が子供と一緒にアメリカに移住し、わが子の受験に力がつく有名高校入学をめざす。ハーバード大学のイメージが、世界感性で計って、自国の一流大学や大企業をはるかに超えた暖簾の価値があるものとして、そうする。

おもうに、会社イエ意識に潰されない、一社員のわが家の意地がアメリカで花を咲かせる。そうした日本人社員が、海外生活の中に変わる感動をつくり、その誇りが日本を超えて世界のものとる。高島屋創立者がイエの経営を社内定着させて成功したように、その組織に帰属する社員が、個人のイエ感性の種を世界に持ち出し、その種を持続させ、そしてイエの種の花をアメリカで咲かせた。この高島屋社員は、まさに今の日本に薄れてきた創業の理念とでもいうべき「小さなイエは偉大である！」歴史の事実をグローバルに見える形にしたと、称賛してあげたい。

遅咲きの自由と平等を楽しむ

こうした意味でのイエ継続の感性を否定しない考え方が、日本の定年後のイエ人生にも充満している。勤勉に生きてきた職場人生をその定年前と定年後で較べてみよう。長い時間の流れで眺めた会社と社員の相互交流が、定年後の社員のイエ組織をより生き生きとさせている。定年後のほどほどの年金と蓄積で老いに生きる社員のイエ文化が、定年後の自由と平等を楽しみ、そして還ってきたイエ感性を生き甲斐とする。現代日本のマチ・ムラには、定年後の人生に変わる縁と粋のイエの感動を抑えつつ、老夫婦が遅咲きの自由と平等の人生機会の花を、あちらこちらに咲かせている。

高島屋がグローカル・にっぽんの縁と粋の花をニューヨーク五番街で咲かせた。そのあとで、日本では遅咲きの、〝変わる縁と粋〟のイエ文化の花がその蕾（つぼみ）をそろそろみせはじめた。満開の花を愛でる感動は、まだ先の話である。というのも、縁と粋は時によりまた変わるものだから。それでも無常観の後押しで、縁と粋は変わり続けて生命持続のエネルギーとなる。

経営随筆・縁と枠の感動日記から―その15

アベノミックスと浜田宏一教授

神田学士会館での「経営文化フォーラム」(会長は阪和興業の北修爾会長)が、アベノミックスのブレインの浜田宏一教授を招き講演をしてもらった(二〇一三年九月二〇日)。同会の世話人の一人でもある縁で、その司会役を仰せつかった。日本経済の再生を仕掛けた三本の矢の張本人の一人といわれる浜田宏一教授の「アベノミックスと日本経済の復活の方向」の話には、いつもより多くの経営者が集まった。

浜田教授は、国際金融とゲーム理論の権威で、東京大学とエール大学の両大学の名誉教授である。その時の話でわたくしの中に変わる感動をつくるきっかけを、「日本経済の構造変革の契機」に絞ってつぎのようにわたくしなりに整理してみた。

その一　異論の少数派が、主流の多数派を覆せる

一本目の矢は、日銀の金融政策の変革に的を絞る。貨幣数量説型の古典派経済学の主流派に対して、浜田教授は恩師のジェームズ・トービン博士（エール大学教授、一九八一年ノーベル経済学賞受賞）の国際金融に対するゲーム理論の応用で対峙する。バブル崩壊後の失われた一〇年間の金融政策の失策を、日本銀行の金融政策にあると批判し、教授はリフレーション政策の支持者の一人となる。固定化した多数の日銀主流派に対しての流動性の少数派の意見が、日銀の固い壁を壊した感じがした。少数派理論として除外されても、その理論が阿部総理の再起と結びつくという利害関係が功をそうした。

仏教伝来や渡来人が時の天皇や為政者と結びつき、外国の先端的な思想と理論が権威となり日本に政治的に定着する。同様に、アメリカで成功したリフレーション理論が日本に伝来して受け入れられる契機が、時の政権指導者との〝理論の利害関係〟と結びつき、最も有力な変わる縁（繋り）と粋（活き）をつくる機会となる。

もう一ついえば、日本の長びく不況の克服は、その外側分子からの改革は困難だったが、その内側分子からの解決は効果的であった。〝曇り、後晴れ〟の自然気象のように基本に還れる「仲間が仲間を変えた」ともいえる。浜田教授はご存知のとおり東大法学部出身で、経済学部も卒業し、政治と経済を動かす日本の高級官僚が同じ仲間であり、仲間が仲間を変えざるを得ない「良識への律儀」に生きること

ができた。

その二　決められない政治から決める政治へ

二本目の矢を、財政問題の課題である消費税に的を絞って話をすすめる。浜田教授は消費税の増税については、意見を差し控え気味で、消費税を上げる・上げない議論よりも、決められない政治から脱却して、「決める政治への変革」のメッセージを国民に示し、政府の信頼を取り戻すことを彼は強調していた。

外国からみてきた日本の政治のねじれ現象への苛立ちが、「決めてもらいたい政治」を心底から提言したいのであろう。決められない政治の事情は近代化への消化不良、グローバル化への常識の遅れ、そして悪い意味での囲い込みと排除の構造をつくりだす日本型イエ・ムラの派閥意識である。機会平等の教育原理で、日本の政治を未熟練者に委ね、その教育機会を通じて成長を期待したが、どうもそれは「邯鄲の夢」に終った。わたくしが一番恐れていることは、為政者の国際無知と独善的判断である。世界の変革を知らないか、錯覚して、井の中の蛙型で幻想する政治国家の恐ろしさを、わたくしは第二次世界大戦の開戦とその敗戦の経験を通じて身近に感じてきた。消費税を上げざるを得ない事情は、理解できるが、それを一律に上げて、生活苦の市民の日常生活へおもいやりを欠く、手抜きの制度改革と行政的な利便性にはあるべきはずの市民原理が感じ取れない。

「アメリカの消費税は地方税だが、日本ではなぜ国税なのか？」と浜田教授に質問してみた。「薩長が決めて以来、変えられない」。その返事には日本の税制度の背景と本質を知る者にしかわからないなにかがある。私的経験だが、今ある東京湾横断道路、アクアラインの建設を千葉県在住のNさんと一緒に政府に提案したことがある。Nさんは行政と政治の中枢の中の当時の薩長に働きかけていた。なるほど、国土建設と昔の税制度は千葉県を超えた政官界の薩長派閥の流れにある。

その三　経済の限界は、外交や社会問題への認識不足

三本目の矢は、「経済成長」が標的だ。浜田教授はこの問題が、外交と社会問題に関係しているので経済学からの限界を感ずると自分に正直に伝え、会場にいた約一〇〇人の経営者や知的エリートに「どうしたらよいだろうか」という質問を逆に投げかけた。その質問の裏側には、現在の日本政府の悩みも感じ取れた。

なるほど、経済成長には、外交と社会問題がつきものである。例えば、女性の地位向上とその活用、外国人の移住と定着、社会福祉のあり方、高齢者と少子化の問題、教育制度改革、地域間格差の是正、国民の社会流動化、都市のグローバル化などが社会生活と国際化の問題で、経済成長と結びつく条件である。

領土問題について中国や韓国との外交問題は、日米関係の絆をより強化して経済成長の未来図や、産

業構造改革や、そして企業家活動を促進しなくてはならない。浜田教授は、経済成長の阻害要因として、現場の公務員サービスまでの官僚制度の弊害を大胆にも指摘し、その改善なくしては三本目の「経済成長の矢」は働かないだろうと静かに断言した。

米国留学の仲間意識のよしみもあって、わたくしに打ち解けて話をとつとつと進める浜田教授に「浜田教授の仕事の動機はどこからくるのですか？」と最後の質問をしてみた。その答えは、「恩師の教えで、少しでも社会を良くすることに役立つこと」。浜田教授と話していて、わたくしの記憶に生きる昔の東大教授で、定年後は中央大学と創価大学で教えられていた、謙虚な故・中村常次郎先生のイメージが鮮やかに甦ってきた。グローカル・にっぽんの変わる縁と粋の経営には、少しでもいいから社会を良くする方向へと、善なる謙虚さを注ぎこみ、心豊かに昔の教育の縁と粋を持ち続けることだと知る。

第Ⅳ部　超える縁と枠

経営随筆には「限界を超えるなんらかのさりげない提案」がある。その提案は読後感に心地よく残るか、あるいは逆に、深く掘り下げたレベルで考えるように残るものである。例えば、日本からのプロ野球選手が国境を超える縁と粋（生き、活き、意気）でアメリカを舞台にして活躍している。その一方で、アメリカはメキシコからの密入国者の国境を超える縁と粋（生き、活き、意気）に悩む。このように、世界プロへの壁や米国移住への障壁を超える縁と粋には明暗がある。さて、この明暗の人生を背負って超える縁と粋の経営をつぎの五つの経営随筆の事例で紹介したい。そこで読者と一緒に考えてもらいたいことは、「超える・超される縁と粋の能力の源泉とは何か」そして「その縁と粋がどう変わってきたか」についてである。自分の身にとっての超える縁と粋の経営哲学を再考し、新たなる縁と粋の経営の可能性を発明できないだろうか。

経営随筆・縁と枠の感動日記から――その16

天皇のレンゲ草

大多喜世界レンゲまつりの思想

徳川家康の四天王の一人、本田忠勝の旧所領が千葉県大多喜町にある。一九八四年の頃、旧国鉄の木原線、木更津―大原間の鉄道サービスの廃止計画でこの町は衰退の運命にあった。小さな町に大きな世界を呼び込んだら、木原線が夢を列車で運び、町も甦るかもしれない。

〝レンゲ草〟を世界イメージのコンセプトにして、「大多喜世界レンゲまつり」を構想し、そこで、町役場と大学研究室が一つになり、このまつり構想を実現した。まつりの成功の秘訣は、まず哲学をつくることから始めた。大多喜の美しい自然と里山を哲学の原風景とすること。その自然哲学をまつりづくりで身体的に実感する。「小さなレンゲ草は偉大である」・「レンゲまつりで人々の心を平らに耕す」という思想を、研究室の学生にまず植え付けておいた。今様に言えば、地球の持続と世界平和への願いが、大多喜世界レンゲまつりからのメッセージである。

このまつりに秘められた自然哲学は、朝日新聞やNHKなどの多くのマスコミが取り上げてくれた。栽培の効率化で稲作から失われてきたレンゲ草には、緑の肥料として〝根っこ〟の働きがあり、田んぼの土地を回復する。それだけではなく、レンゲの可憐な花が人の心に故郷にっぽんの夢を取り戻させてくれる。

レンゲ草の種は、遣唐使が中国から日本に持ち込んできたという想定で、その種を日本から米国へ手渡し、米国の土地改良にも一役買う行事を祭りに組み込めば、日中米の平和外交、すなわち、「環太平洋レンゲ外交」の展開となる。奈良の東大寺さんから華厳宗宗務長・東大寺執事長の守屋弘斎さんがシルクロードのつながりで、レンゲ外交に参加してくれた。米国ヨセミテ国立公園の園長のベニワイス博士も、そのレンゲまつり構想に賛同し、古い農家での「大多喜世界シンポジューム」に飛んできてくれた。

レンゲまつりを通じて、ふるさとの自然と歴史が復活すれば、廃線予定の木原線は、地元の問題ではなく、地球規模（グローバル）の自然と平和の問題の顔となり、世界に通用する地方のグローバル時代を主張できる。わたくしの構想はそんな構図を描き、「大多喜世界レンゲまつり」でその思想（価値観）を表現したかった。

今は亡き昭和天皇が、大多喜世界レンゲまつりの自然哲学に感動をされたとの由。その旨、警視庁から連絡があり、そこからの人がわが家に昭和天皇のお気持ちを伝えに来られた。その時の率直な感想は、「天皇陛下もＴＶニュースをご覧になっているんだ！」。瑞穂の国、にっぽんの伝統は天皇家に確かに残っているという実感がした。昭和天皇のレンゲ草への格別のおもいに添って、その警視正は明治神宮が発刊する『代々木』に随筆を書くように依頼してきた。書き上げた原稿を、その警視正は東京から芝山町・山中のわが家へわざわざ足を運んで取りに来た。その後、明治神宮から菖蒲の花見の招待状が毎年届くようになった。

天皇の自然思想は、消えません

二〇一二年の春、シアトル大学から帰り、しばらくぶりで大多喜世界レンゲまつりをそっと見に出かけた。残念なことに、レンゲまつりは消えていた。それまで、このまつり持続させるには、それなりに言葉にできない苦労があったに違いない。日本の農業の衰退に連れて、祭りの衰退が関係しているのだろうか。町役場の財政が城まつりに絞りたかった事情にあることも考えられる。地元の政治や経済の変化で、世界の文化の顔は作り難いこともある。小さな大多喜の町には、世界を持続させる国際人材が育ちにくい伝統文化の拘束が強かったかもしれない。大多喜世界レンゲまつりの消滅を知り、昭和天皇の大多喜へのおもい入れが萎んでしまったのではないか、と寂しさがこみ上げてきた。

だが、待てよ。レンゲまつりの自然哲学はそんな簡単に消えるものだろうか。形を変えて、天皇の自然思想は他のまつりに残っているかもしれない。一九八四年四月二八日に開催された第一回の大多喜世界レンゲまつりの日には、大多喜町に千葉県の市町村長会の首長が数多く集ってきた。それぞれの首長が、地元にまち・むら起こしの企画モデルを探していたことも事実である。

大多喜世界レンゲまつりが縁で、その後日本中に自然と歴史と国際をテーマにした新しいまつりづくりを次々に提案させてもらった。千葉県内での新しい祭りづくりに絞って、思い出すままにこれまで提案させてもらったまつりを次に紹介してみよう。

成田空港にちかい富里では、馬好きの相川町長に、エリート階層向けの「サラブレッドの町づくり」、一般大衆のためには特産品の西瓜をイメージにした、「スイカ・マラソン」を提案した。サラブレッド構想は町長の突然死で残らなかったが、スイカ構想は残り、富里は今や、「スイカ・マラソン」の村、町、そして市へと発展していた。

多古町の三代前の町長には、あじさい（紫陽花）をテーマにして、荒れた栗山川のウォーター・フロントの親水機能の町づくりを提案し、「紫陽花まつり」をつくってもらった。祭りの初日に、今は亡き菅沢町長と並んでその行列に参加し、町内を練り歩いた恥ずかしい想い出が残る。それよりも、まつりを掘り起こすために「かもちんの会」と奇妙に名乗る若者たちを巻き込んでみた。かれらの言葉に乗って、江戸時代の〝新内流し〟の舟遊びを再現する努力をするも、「新内節」の唄い手が地元にいないので、常磐津の三味線で舟遊びをごまかした。今では、栗山川岸に、あじさい並木道がながながと整い、エンジンつきの遊覧船も行き来し、繁盛している「多古の道の駅」もある。

その他にも、佐倉市では菊間市長の要請で「蘭学」を基軸にしてチューリップと宮廷花火の祭りを提案、印西村ではコスモス、天津小湊では米ソ宇宙飛行士とのTie（結ぶタイ・鯛の縁）神輿イベントなど。佐原市では「伊能忠敬と地図のまちづくり」をテーマのもとに佐原青年会議所と川端の小江戸の復活をめざした。さらにあげれば、市川市の「行徳の江戸神輿」文化、勝浦市では「雛人形と漁業組合」、船橋市では東京湾に生きる「漁船大平丸」といわしなどをテーマにして・・・。ついでに言えば、大多喜世界レンゲまつりの企画以前に、「千葉市の親子三大夏まつり」、「芝山町の〝はにわ〟まつり」など、その企画動機やその実現過程には、故郷愛に燃える地元リーダーらや町おこしに情熱を傾ける行政マンもいて、いろいろな裏話をおもいだす。

大多喜農民は、まだ健在です

大多喜の木原線が形を変えて残った。大多喜世界レンゲまつりも、これまで紹介したように他に形を変えてそのまつりの哲学を残している。大多喜世界レンゲまつりは、時の竹下総理が勧めた日本各地のふるさと創生の模範モデルとなり、千葉県内だけではなく、日本各地での国ぐるみの地域再生への動機づけの役割をはたし、自然環境、歴史文化、そして国際化と多様化の視点で地域・都市の環境を見直すきっかけをつくった。

もう一つ、残ったものがある。それは、大多喜世界レンゲまつりをめぐる多くの文献資料である。『国際地方学・千葉実験』・『まちづくり国際経営』（文眞堂）などが、その後の大多喜世界レンゲまつりを継続する手引書の役割を担っていた。そのことを町役場の職員がわたくしに教えてくれた。

大多喜世界れんげまつりが呼びかけた、自然への畏敬の念と自然を取り込んだ環境開発は、その後ますます高まりかつ深まるばかりである。哲学のあるまつりは、歴史や地域の利己主義を〝超える〟次元での「縁と粋の世界づくり」となる。一流の自然精神が籠るまつりは、グローバルな政治ごとでもある。大多喜世界レンゲまつりの中枢にある自然哲学は、草の根平和外交への実践哲学だった。

今、中国と米国との緊張関係の時代を迎えて、「日中米ソ」をつなげる〝際崩し・橋架け〟の、政治、経済、文化の民間外交がより求められてきた。その行動指針となる〝グローバル倫理〟が、大多喜世界レンゲまつりの自然哲学に既に実在していた。レンゲ草そして大多喜世界レンゲまつりが物語る自然哲学とは、グローバルな自然秩序の思想であり、グローバル人間の行動哲学の提案であった。

昭和天皇が愛されたレンゲ草とは、〝グローバル倫理〟、すなわち、自然の秩序を意味している。レンゲ草が田んぼの土に鋤きこまれ、緑の肥料をつくる。そのことを単に科学や合理の物語として理解するだけではなく、「小さなことは偉大なり！」、と咲き揃うレンゲの花に国境を超えて自他共に連想する故郷愛が、世界各地の人々のそれぞれの故郷愛となる。その夢を分かち合える。レンゲ草はもともとどこにでもあった雑草である。その雑草のもつ自然の威力が、下の根っこのレベルから上の実るレベルをつくりだす。その歴史と自然をしる「天皇のレンゲ草」を、大多喜世界レンゲまつりを超えて、いつまでも大切にしたいものである。愛される天皇とは、超える縁と粋の感動をつくる自然の哲学の暗黙知だった。

その後、時折に日本に帰国した際に、千葉日報の萩原博君（千葉大学村山ゼミOB、その後同社社長となる）から「大多喜のどこかで小さなレンゲ畑が復活した」という朗報を聴いた。小さくてもいい、まつりがなくてもいい。昭和天皇のレンゲへのお気持ちを続けて大切にしてくれればいいと、その知らせに涙が出るほど嬉しかった。ある春の日の午後に妻とレンゲ祭りが復活したと噂のある下大多喜へと車で急ぐ。大多喜の小さなレンゲ祭りの復活が、行政からではなく、地元住民の遊び心からだと現地で知った。故郷を超えて世界につながる縁と粋が、遊びを創れる地元の仲間コミュニティ精神にあった。その土着思想を護り続ける大多喜の農民・町民はまだ健在なり。天皇のレンゲ草へのお気持ちは残った！　ありがたいことだ。

経営随筆・縁と粋の感動日記から――その17

さりげない粋！ 両陛下の深川八幡

二〇一三（平成二五）年正月、富岡八幡宮での新年恒例の関係者参拝とその後の懇親会は、いつもより盛り上がった。天皇陛下と皇后陛下が、その前年に深川の富岡八幡様の夏祭りに〝さりげなく〟おいでになり、神賑わいの江戸神輿ぶりを楽しまれた。両陛下は、戦時中に都内で最大の被爆犠牲者を出した江東区にその慰霊のために訪問されたが、その折に、江戸三大祭りの深川の八幡様の水掛け祭りをご覧になられた。歓喜したのは、祭りに集う大衆と、地元の町衆だった。〝わざとらしくない〟おでましの、しかも身近な存在となった天皇・皇后両陛下を門前の神輿渡御の場にお迎えした感激が、富岡八幡宮の新年会の雰囲気を心温かいものにしていた。

切れない縁と、さりげない粋は、時代を超えて持続する天皇家の〝イエ感性〟かもしれない。両陛下の深川訪問で考えさせられたことは、「公」と「民」の絆である。

古代を現代に移して考えると、天皇家は、おおやけの「公」の存在で、大舘（〝おおやけ〟と読む）、すなわち、大きなイエ（家）に住む人を意味する。一方、町衆は、大きなイエの宮城の周りに小さなイエの「民」である。小さなイエと大きなイエは、同じような思いと行動の型でつながっている。その思いと行動の型とは、先祖崇拝、寛容さ、自然思想、そして〝棲み分け〟型思考の持続感性である。このように、大きなイエの天皇と小さなイエの深川町衆は、日本人の文化遺伝子とでもいうべき、〝イエ〟意識感性の絆で結ばれている。しかもその感性は、権力への畏敬の念よりも、思い・思われる、素朴にして聖なる自然への思いである。

この聖なる自然への思いは、例えば、神社にある一本の樹木の形となり、山中に座る一つの石の物語となる。その樹が世界の森（自然）を象徴し、その石が宇宙から地球を観る眼となる。別な言葉でいえば、自然主義のイエ感性が、大きなイエも、小さなイエも包み込んで、動かないはずの世界中の樹も石をも、〝動かす〟存在の権威とでもいうべき、聖なる精神性に昇華する。

日本の文化の誇りを世界に紹介するとき、どこにもない最後の決め手になるお国自慢を探せば、それはやはり、世界に類無き天皇家と大衆のイエ感性である。現在最も必要とされているグローバルな価値は、地球や自然の持続性のように、階層なき・国境なき自然に還る〝イエ感性〟の持続だ。天皇のイメージには、「持続するイエ感性」と「自然主義思想」が綿々と継承されている。二〇年ごとの伊勢の遷宮式年にはその感が特に強くする。それはそれとして、歴史のしがらみで国家ブランド、天皇家の誇りは控えめなところがある。

天皇家と大衆庶民とをつなぐ、日本のイエ意識の美的感性を、世界が求める自然ブランドにしたら、日本はより美しい国として世界に愛されるだろう。そのイエ感性とは、天皇家と町衆との間の〃思う・思われる〃さりげない粋な今回の深川訪問だった。国が栄え、街や村が幸せになる源には、〃思う・思われる〃、寛容なるイエ感性の粋な持続があるものだ。そこに、超える感動のグローカル・にっぽんの経営が、総ての縁との矛盾を包み込んで〃察し・察せられる〃ように感じ取れる。

この入梅時に富岡八幡宮に行ってみた。境内に見晴しのいい木造の休憩所ができている。両陛下の祭り観覧のために作った仮の見晴台が、庶民の憩いの施設に生まれ変わっていた。ここにも質素で渋い、しかも年輪の渦のある粋な木場の文化が天皇との縁を残している。わたくしは、その素朴な木製の椅子に心地よく座り、そのあと、いつものように下町裏通りの居酒屋へ行く。

そこでふと思い出す。若き日の近衛忠輝氏（現在は日本赤十字社代表）が、学友と一緒に私にこういうことを教えてくれた。「皇族の方はさりげない〃オニギリ〃のサービスに感動する！」心を伝える質素には、身分を超える感動の力があるようで楽しい。

経営随筆・縁と枠の感動日記から——その18A

ピープルは、庶民と社員

「文化の民主化」とピープル

「政治の民主化」は唱えられてきたが、なぜか「文化の民主化」の話はあまり聞かない。経済と企業のグローバル化は、見える「政治の民主化」だけでなく、見えないところで〝超える能力の〟「文化の民主化」にも支えられている。例えば、一般庶民の常識・教養レベルや、モラル・公衆マナーの状況や、より現実的にいえば東京の下町住民の生活文化の積極的な国際交流などである。それでも、国家グローバル化の支柱となるべきわが国の「文化の民主化」は、己れ自身の努力よりも、傍観者のように行政（お上《かみ》）まかせの感じで、「市民として」の共創や共有の当事者意識を欠き、なにやら不安もある。

内外の環境とかかわりながら〝超える〟縁と枠の能力を、限界状況に生きる人々（ピープル）と組織は庶民の可能性を吸い上げるようにつくる。総ての国の環境には、必ず日常生活の〝ピープル〟（庶民・

大衆）がいる。庶民という名の人々は、〝経済の母体〟だけではなく、〝文化の主体〟としての存在でもある。国民としての庶民が、その国の財産だとすれば、その庶民が所有する「見える資産」だけではなく、その庶民の〝身に備わっている〟縁と枠の教養教育や倫理文化もその国の財産なのである。

そこで、このピープルを、それぞれの人の身に備わっている「文化の民主化」の主体として捉え、ピープルの〝超える縁と枠をつくる〟「文化の人格」や、「文化の能力」に光を当ててわが国のピープルを問い直してみたいと思う。

ピープルとは、〝どんな人間〟か？

英語のピープル（People）には、多様に異なる意味が潜んでいる。ピープルとは、日本語では「人間」についての言葉だが、「その人間とはどんな人間を意味するのであろうか」。ピープルの言葉の一般性と曖昧さが、なにか〝人間存在の本質らしいもの〟を意図的に隠す便利な言葉のようにも時々思える。ピープルを日本語に訳すとき、その英語を単に〝人々〟とするだけでよいのだろうか、という悩みがわたくしについてまわる。

約半世紀前の経営学の科目に、「人事管理」（Principle of Personnel Management）という全世界的な科目があった。〝人間存在〟としてのパーソン（Person）ではなく、人間の中の〝経済性や能率性〟を重視することが、パーソネル（Personnel）の意味である。その考え方には、個の人間を合理的な効率的な存在とみなし、組織主体が個と対峙したとき、組織には協働原理の大義があるので、個を包む組織の論理に比較優位の前提がある。

「人事管理」の名称がその後、「人的資源管理」（Human Resources Management）と変わり、〝人事〟（Personnel）から〝人的資源〟（Human Resources）に言葉が移った。それでもアメリカ経営学には、経営のなかの人間をまだ物質と並べての、人間を経済資源とみる経済合理性の気分が強く残っている。

嬉しいことに、最近のアメリカ経営学に直訳しにくい〝パーソンズ〟・イン・マネジメント（Persons in Management）、すなわち、「経営の中の人間」の言葉を使う学者と実務家がでてきた。パーソネルの言葉の響きが〝効率一辺倒な感じ〟だったが、〝パーソンス〟の言葉には〝個としての人間〟が感じ取れる。「経営のなかの人間観が、やっと日常の庶民に近づいてきたかな！」という感じもしてくる。

南アフリカのヨハネスバーグ大学の経営学者は、さらに先端的である。ヨーロッパ型の植民地経営に苦悩してきた経験から、日米の「人的資源管理」の科目を〝Players in Management〟、直訳して「経営の中のプレヤース」とする。アパルトヘイト（人種差別政策）を乗り超えてきた経験が、管理する・管理される、支配する・支配される、そして指導と追従の隷属的関係を断ち切って、人権尊重の経営への思想がすべての階層に〝プレヤース〟（Players）、という概念を持ち込んだ。

ここで言うプレヤースとは、チームや個人としてのスポーツ選手や演劇俳優のように「競争する人・活動する人・ゲームする人」らのことである。これは素敵に面白い。人間がすべての行為に参加できる人生のプレヤースとなり、失敗も成功もする日常の生活に人種を超え、階層なきチームの人間に還れる意味である。言い換えると誰でも、会社の中でヒーローになれるかもしれないプレヤース、すなわち、〝人生を演じ楽しめるスター〟になれる。旧・植民地に生きる英国人の押し殺した〝超える〟ユーモアーはまだ残っていた。やがて日本にもその同調者が現れるだろう。

ピープルと共生する「世間様」

アフリカの大自然の野生豊かなサバンナで考えた。ヒト（人）という名の動物は、自然界の動物や鳥類のように、群れる、動く、食と排泄、そして子孫を残すという自然本能の〝動物的な存在〟として生きている。〝ピープル〟の英語を日本語の「庶民」と言い換えると、強いライオン・弱いウサギとおなじ〝動物的な存在〟の意味を超えて、「社会的な存在」への〝人間らしさ〟の意味が加わる。よりハッキリ言えば、ピープルの言葉には〝強さと弱さ〟を織り交ぜた庶民の人間らしさの「あるべきよう」への共感が含められている。人間らしさのピープルは、世の中の事情、〝世間〟（せけん）を自分のことと一体化し、そこで世間を観る眼の常識や良識を「世間様」（せけんさま）として共感し共有し、その「世間様」と共に世の中をわたる。そうした意味での〝庶民の感性〟や〝庶民の良識〟の「世間様」が、英語のピープルという言葉の中に籠められている。

米国シアトル市の巨大な野球場で地元マリナースの試合を観戦する場で、その大観衆が、地位や身分を消し、ピープル、すなわち「世間の庶民」の一人になりきって鈴木イチロー選手を応援する熱気には驚いた。イチローという名のプレヤーが自分自身と同じプレヤーだとする観客の思い込みがその場の雰囲気から感じ取れた。そうした熱気は〝当事者意識の一体感〟である。シアトルの観客は「一郎のプレーが自分のプレーなり」と共感し、イチローの活躍に夢の自己を見いだしていた。シアトル市民のローカルからグローバルへと超える縁と枠は、イチロー選手の劇的なプレーで喚起され、開かれた巨大な大衆の場で、イチロー選手と共感できる当事者気分、すなわち、共に生きるコミュニティ意識の「世間様」を素直に自己表現できる能力である。

普段着の庶民は、巨大な塊となって群衆・大衆・民衆のエネルギーを揺れ動く感動の人間らしさを発散し、そして地域の誇りとなるヒーローの活躍を期待する。イチロー選手の偉大なる能力に自分を映し出し、ヒーローを夢見る庶民、すなわち、シアトルのピープルのその庶民心理には、地元の〝自然と歴史〟を包みこむ〝共感の暗黙知〟がある。シアトルの街の本屋で立ち読みした書物によると、シアトルの都市の起こりは、「野球の町」(baseball town) からとあった。チームワークの野球精神がシアトルの町づくりへの基本の庶民コンセプトになっている。

そう言えば、シアトル大学の学長で神父のスチーブも、人が見えぬ休日のキャンパスで、労働者スタイルに野球帽をかぶり、すれ違うわたくしにモトーと気楽に声をかけてくる。そこにも大学で共にチームプレーする庶民感性の自己開示があり、シアトル市の変遷に生きた原住民の平等への思いや、その後の移民の人権運動の歴史や、辺境の地からのグローバル教育への〝共感の暗黙知〟がある。

さて、そのアメリカでの〝共感の暗黙知〟を日本の事例に換えて探してみるとしよう。例えば、西洋風の個人志向のPersons in Management（経営の中の人間）を、日本風の集団志向のPeople in our company（わが社の人々）と重ねてみるとどうなるだろうか。後者の日本風の英語表現には、うちの会社のピープル、うちの会社の〝連中〟の意味がある。

連中という言葉には、平等感覚の庶民性がある。例えば、歌舞伎に縁のある「河東節・一寸会」（かとうぶし・ますみかい）の〝ご連中〟と「江戸桜由縁助六」を歌舞伎座などで唄っているとき、平等感覚の庶民性の仲間意識をこの連中から感じる。長崎からのお医者さん、日本橋・浅草・新宿界隈の老舗の旦那衆、さらには大会社の社長や京都の文化人・町衆らが隣に座り唄っていても同じ連中なのである。

社内には〝リーダー（経営陣）〟と〝ファロアー（一般社員）〟のピープル、「会社の連中」がいる。さらにそのリーダーとファロアーの連中が、野球の試合を楽しむときは、観衆の〝庶民〟であり、試合後の居酒屋では趣味の〝仲間〟となり、家に帰れば地域の〝住民〟となり、選挙の日には〝日本国民〟か、あるいは俄か仕込みの〝選挙権の市民〟へと変身する。

このようにピープル・即・連中の言葉には、動物や鳥類の生物の群れる自然生態を残しながらも、それと比べてより社会進化した〝人間らしさ〟の縁と粋の多様な社会生態の意味が含まれている。ついでに言えば会社や経営の中の人間の生き方には、より複雑な構造・関係・価値の縁と粋の仕組みの多次元性と使い分けが無意識にしかも社会生態的に働いているものである。

庶民・即・ピープルと、〝三ち〟の教育

政治的に理解する、庶民・即・ピープルとは、群れる動物的精気の大衆、民衆、庶民、住民を意味する。政治家にとって庶民は、〝清き一票〟の「数字的存在」である。政治の歴史が意味するピープルの本質には、民主、自由、平等、人権、そして法の支配を前提とした「国民」(Nationals)・「市民」(Citizens)の意識が存在する。

国家がグローバル化すると、市民意識の庶民・即・ピープルが育成されてくるので、そこで、市民による、市民のための、市民の平等・民主・そして自由な人権と社会が、法の支配(Rule of Laws)と共に芽生えるようになる。その反面には、社会経済や歴史文化に連動する特別なピープルが階層的に存在するようになる。例えば、〝高い地位の人々〟と〝低い地位の人々〟の格差は否定できない事実である。しかも、その地位が身分格差と所得格差の相乗効果で決まる。

大学で教えてきた人生を振り返ると、社会に役立つ人間をつくる目標で縁と粋の教育をしてきたが、個人がそれぞれ幸せになれただろうか、と心にかかるものがある。というのも、大学での教育の自己評価がその個人の卒業後の格差社会での荒波にもまれて人間性や社会性の喪失を発見するときほどさびしいことはない。暗黙知の自由と平等の夢に生きてきた連中、庶民・即・ピープルにとって、自然生態が過酷なように、卒業後の現実の社会生態も残酷で厳しいものである。教育とは生まれてきた白紙の人生

絵図面に、庶民・即・ピープルの変革の歴史をそれぞれの個人が明暗で色取るものだと知る。

卒業生は、職業選択の自由と能力主義を夢見て社会へ飛び立っていった。その後の現実社会で、その自由は必ずしも機会均等の自由ではなく、その能力評価には絞り込みへの偏りのある慣習型の価値観もある。こうした囲い込みの競争原理に根差した社会生態を否定することなく、逆にその偏重の弊害を飲み込める動物的精気、人間の中に残された野性が庶民の生きる資質として不可欠な要素となる。超える縁と粋はこのように矛盾を自然として飲み込める動物的精気の能力でもある。

バカバカしいと思わるかもしれないが、偏差値教育の後遺症を残す大学研究室のゼミ生に下町の江戸神輿を担がせてきた。ニューヨーク、パリ、ヒューストン、シドニー、ブリスベンなどの海外や、日本各地の祭りやイベントづくりに合わせてグローカル・にっぽん文化を共感する庶民感性をゼミ生に学ばせてきた。グローカル・にっぽんの経営には、縁と粋の〝和を背負う〟（わっしょい）の掛け声で神輿を担ぐ経験に象徴されるように、群れる感動の縁と粋の動物的精気がある。ここでの縁と粋の経営の起源は、持説の三つの〝ち〟の経営人類学である。学生にこの三つの〝ち〟を身体的化する教育実験を、研究室はこれまで展開してきた。この三つの〝ち〟とは、次のようにまとめた「地―血―知」の繋がりのことである。

第一の「地」とは、地域と共に生きる意味での、地域環境の「地」（ち）

第二の「血」とは、血がある人間感性への、人の歴史理解の「血」（ち）

第三の「知」とは、現場知識を資源として学ぶ、科学知識の「知」（ち）との出会いの苦悩があったにちがいない。

この三つの〝ち〟を自己身体的な物事（ものごと）とする教育をこれまでしてきた。だが現実に問題解決を求められるその者たちの卒業後の人生には、私の教えてきた三〝ち〟を超えたレベルでの縁と枠との出会いの苦悩があったにちがいない。

「社員地位」と「庶民地位」の二重構造に生きる

「うちの会社」の全組織的な意味が、法的主体としての「会社の法人格」、社会的責任のある「企業市民」、国家財政を支える「納税者主権」、そして地域と共生する「企業市民」などと見立てられる。「うちの会社の人々」を、それぞれ個人的にみれば、そうした全組織的な意味での「うちの会社」にはなりきれない場合もある。個人が望まないのに個人を全体と見立てることは、無理した押し付けの制度思考ともいえる。しかも制度主義優先には、人間の権威を無視するところがある。個人はもともと私ごとの利益をめざす主観的な個別的存在で、一方、会社は個人を含む組織を道具とし、目的達成への客観的、かつ制度的な存在である。

個人も組織も、その共通点は「うち」（内）と「そと」（外）を分け、両者の不一致になることは否めない。その最大の理由には、内と外とを区別し、差別し、内なる要素を囲い込み、外なる要素を排除する「構造・関係・価値」の閉鎖型の仕組み（Closed Systems）が人間本能としてある。それを無意識の自然秩序とでもいうべき人間の中に残された野性の活力であり、種の持続本能である。その動物的精気を意識し修正し望まれる人間らしさに格上げする努力が縁と粋の真のグローカル・にっぽんの経営である。その努力の過程に前述の「世間様」という名の愛憎、情念、慈悲、寛容、尊厳、信頼、信仰、科学、規範など「常識」や「良識」の〝世間感性〟の言葉が現実に浮かび上がってくる。

「うちの会社」が「そとの社会」と開放型の仕組み（Open Systems）でつながるには、「うちの会社の人々」の私的レベルでの〝内向きな〟ピープルから、社会的レベルでの〝外向きの〟ピープルの「世間の庶民」へと生態進化しなくてはならない。前述のようにここでのピープルにとっての「世間様」とは超えて機能する縁と粋の常識・良識の存在である。

さて、わたくしが求めるグローカル・にっぽんのピープルとは、どんな人間なのだろうか。そのモデルとして、東京の〝下町庶民〟を研究の舞台にあげて見直しをしてみた。まずは、「うちの下町の連中」の庶民性と、「うちの会社の連中」の社員性とを比較してみるとしよう。会社文化がつくる社員性と、下町文化がつくる庶民性とは同じではない。下町の居酒屋でそんな問題に自問自答するとき、日本人の〝地位二重構造〟、「社員地位」と「庶民地位」の人間の複合性が理解できるようになる。

昼間は会社組織のなかで「仕事本位の社員性」が見られる。その日の仕事が終われば、暮らす場での「生活本位の庶民性」が甦る。仕事の場（社員性）と生活の場（庶民性）とのあいだでの日常の生活循環リズムが、うちの会社の連中と、うちの下町の連中とを結びつける〝地位二重構造〟の人間をつくる。

〝超える〟縁と粋のグローカル・にっぽんに生きる、社員と庶民の〝地位二重構造〟の人間、例えば、昼間は丸の内で働き、夜は門前仲町で住む若者が、神輿を担ぎ、仲間の連中と酒を飲む風景には、欧米風の自由や民主、そして人権にみる〝同じ色のピープル色〟では必ずしも染められない人々が存在する。外来の自由、民主、平等では縛れない内なる縁と粋がその若者たちのなかに生きている。いうならば、無意識の場に平等をつくれる日本の教育機会と遊び心の広がりが、「〝超えて生きる〟縁と粋のグローカル・にっぽん」をつくってきた。アメリカから帰国後、その事を最近より一層痛感している。

経営随筆・縁と枠の感動日記から――その18B

グローバル庶民感性の下町ピープル

下町の庶民

「佃には赤ちゃんと縄のれん！」。路地裏には人生がある。下町の路地裏への郷愁と執着から抜け切れず、路地裏の生活に寄り添って〝下町の庶民〟は生きている。下町には、その場の感性を心の糧にして、仕事本位のグローバル社員性と生活本位のローカル庶民性の〝地位二重構造〟の人間がいる。

仲間意識の庶民性とその人格が、制度的な社員性とその人格とを、どこかで〝擦（す）り合わせ〟、結びつく。その結びつきには、「世間様」、すなわち、共生の神々（感動）を無意識に分かち合う自他相互主義がある。ということは、自他人間関係で「おたがい様」という擦り合わせの生き方に習得過程がある。ここでいう「世間様」とは、教養としての常識の世界、交際の仕方、人情の当事者意識（相手の立場を思いやる気持ち）である。会社で仕事本位のグローバル社員は、ローカルな下町生活に仲間入りして、生活本位の庶民を夢見て世間を知り、仕事と生活の擦り合わせできる世間様を求める。世間様は、社員性と庶民性とが柔軟に共生できる超越的なグローバル能力である。言い換えると、下町文化の中に、グローバルな能力起源となる潜在的な資源を下町への移住者は見出してきている。またその一方で、下町人間は地べたの性質に還るようにして「世間様」をそれなりに発明してきている。

下町文化の庶民感性には、格差社会を超えて顧客の価値創造への「グローバル・マーケティング」・「グローバル人材の開発教育」へのデザイン感性が充満している。その庶民感性を体得し直観する者が、世界市場を制覇する動きを持つ。昔ながらの佃や、深川の門前仲町だけでなく、子供の頃から馴染んできた浅草の下町界隈は、とめどなく〝庶民感性〟の路地裏を彷彿させる。浅草からみたスカイツリーのある業平橋界隈も、川向こうのもう一つの庶民世界につながる路地裏文化である。

ハーバード大学のダニーロドリック教授のいう〝国際政治の三極構造〟、すなわち、「グローバル化、国家主権の維持、民主主義の三つは同時には成立しない」仮説をどこ吹く風かのように、ローカルな「下町庶民」が、先端的なグローバルにして〝世界の架け橋となる〟「コズモポリタン」だったことに私はやっと気がつき始めた。日本の会社も、そんな境界のないコズモポリタン、大都市文明人たる世界市民をめざしている。古い業平橋（なりひらばし）の新しいスカイツリーの役割は、丸の内の変革する社員文化と地域知能を豊かに持ち続ける下町ピープルの庶民文化とのあいだの〝架け橋〟となり、社員性と庶民性の〝地位二重構造〟の頂上に、グローバルな命の縁と粋の光を灯すシンボルの輝きである。

下町ロマンと、祭りにみる庶民感性

路地裏のある下町には、人間を平等にする〝庶民の共感〟（人情）がある。人情と出会う感動は、江戸を残す下町文化の日常生活リズムから自然と湧きでるものだ。それはそれとして、江戸時代の下町の意味は、欧米のダウンタウンの意味ともちがうし、また、現代に広がる東京下町の意味ともちがう。例えば、日本橋・神田界隈のように、江戸城の城下（しろした）に限られた〝坂のない〟町のことで、この町人階層の職住空間が、本来の江戸時代の下町である。だが、今様の東京下町概念には、江戸時代はご府外だった浅草や川向こうの本所や両国も含まれてくる。

下町には表通りと裏通りに分かれ、表には大店（おおだな）があり、裏には職人と庶民や裏店（うらだな）の生活がある。表の生活の顔と、裏の生活の顔には、それぞれの別々に生きる仕組みがある。それでも共に担げる〝祭り〟をつくり、差別意識を超えて愛憎のもたれ合いを確かめ合う。〝つくろう〟表（おもて）と〝かくす〟裏（うら）の生き方には、それぞれの思い入れの縁と粋の心意気があるものだ。下町人間はその心意気のおもむくままに路地裏に緑（みどり）の自然をつくり、愛くるしい草花（くさばな）の感動を持続させてきた。狭い路地の緑と草花にも世界に広がる縁（絆）と粋（意気・張り合い）がある。

昔に還って言えば、下町人間としての庶民や常民とは江戸文化の気骨を誇りとして生きる町人、〝町衆〟である。そのものたちは、支配階層の武家社会への隠し持つ反骨の精神と世間への義理・人情を生き甲斐とし、そして「縁と粋の人生」を〝やせ我慢〟で耐えながら、平等・民主への近代化精神を芽生えさせていた〝庶民〟である。

江戸の気質を引きずる東京下町の路地裏とは、そうした意味での日本の平等と民主への下地を連想させ、そして貧しても卑しくならない〝下町ロマン〟を思い起こさせる言葉の響きである。それゆえに、下町そして路地裏の言葉の響きに秘められた庶民（町衆）の意味をグローカル、そしてコスモポリタンな〝下町の市民〟として見直し、合理の緊張関係から開放され、気楽になれる〝下町ロマン〟の文化主体の実在や故郷愛の深層をもっと知りたい。その下町ロマンこそが、表と裏の人生を貫く共感の庶民感性の奥深さであり、地べたの性質に還る、グローカル・にっぽんの市民精神の気迫に思える。この機会に下町ロマンの居酒屋風景を一つ紹介しよう。

深川の富岡八幡様の正面にある永代通りに、気楽に飛び込める大衆酒場があった。リーマンショックのせいか、その店の勢いも消え、その裏通りに数多くの魅力ある大衆酒場ができた。まさに悟りきった達磨のように転んでも立ち上がる下町文化の路地裏の庶民の場が生き残っていた。深川の八幡様の崇敬会の後の、早めの時間でも開けっ放しの、しかも庶民が無理なくつきあえる「大衆酒場」は〝裏通り〟に開いていた。飛び込むと、客はわたくし以外に二組いた。近隣の老人組と、外からの知的文化人風の中年男女である。

その後、客が増えてその数一五組になると、カウンターに腰掛け、コップ酒を重ねながら、その客種の品定めをしながら、不思議なことに気がついた。客は、以前の路地裏や下町の大衆酒場を賑わしていた〝街の庶民〟ではなくなっていた。昔風の下町庶民の酒場は、汗臭い仕事着の庶民風景だったが、今では、丸の内あたりに勤務する社員風の者たちが、〝庶民の風景〟をつくりだしている。「社員が庶民に変身して下町に生きる」。どうしたわけだろうか。それでも、わたくしの中にある下町ロマンは消えず、なにやらわくわくしてきた。

気楽に飛び込めた酒場の客のほとんどが、近隣会社のサラリーマンか、知的プロフェッショナルか、そして深川界隈に移り住む老人夫婦や、山の手からの上品な客筋だった。長引く不況が、無理のない値段の心の通える大衆酒場を浮き上がらせているのかもしれない。また、バブルの建設ラッシュの余波で、下町に新規住民の社会層が広がった理由も考えられる。

酒場の〝庶民感性〟は門前町文化の活力であり、ビルの近代化が壊せなかった下町の人情と生活文化の生き残りを物語る。深川門前町の賑わいは、銀座界隈の変化と比べて伝統の〝町衆の祭り〟をグローバル時代により色濃く残す。江戸三大祭りの一つ富岡八幡宮とその神輿連合渡御を基軸にしてグローカル・にっぽんの下町文化、庶民文化は、ここにシッカリ残っている。

神社と神輿の郷愁に寄り添って生きる路地裏の居酒屋が、グローバルな社員風のよそ者に超える感動の下町人情のロマンを伝え、そこで街のよそ者は大きく息をする。わたくしもそんな下町文化のロマンの中に溶け込み、そこでのわが独り酒を、そこの客の笑顔を肴にしてもう一杯と楽しむ。

グローカルな「地域知能の素顔」

伝統と近代の溝が、過去か未来か、地元か世界かのどちらを選択するかの判断を問いかける。門前町文化もその溝の流れの渦に巻き込まれて生きてきた。その渦の中で、伝統か現代かの比較よりも、今やローカルがグローバルとなり、グローバルがローカルになる。その変革を取り込むグローカル・にっぽんの経営がある。銀座もそうだが、観光客の群れる東京浅草は今や巨大なローカル（地方）であり、同時にまたグローバルな都（みやこ）なのである。

残り続けた下町文化には、例えば、江戸町火消の誇りとするような、「義理と、人情と、やせ我慢」に寄り添って生きながらも、賢く超える縁と粋をつくれる「地域知能の素顔」がある。もの言わずわたくしをそう思わせる背景には、下町固有の持続する〝擦り合わせの〟エネルギーや、分かち合う当事者意識を伝える偽悪の振る舞いや、長い目での和をつくる縁と粋のグローカル・にっぽんの市民力があるからだ。

いうならば、庶民文化から熟成した下町ロマンの住民感性は、生命のある伝統文化として固まり、下町人間にとっての〝言葉にしない〟縁と粋の経営を創り進化させてきた。富岡の門前町界隈に移り住む者たち、そしてそこを訪ねくる庶民の顔色には、無意識に国境を越えるグローカル・にっぽんの下町ロマンの縁と粋を求める勢いが映し出される。その心には客観と科学から開放された、三ち（地・血・

知）の人間性を取り戻し、下町ロマンを慕って生きようとする新しい市民の形が定着しはじめている。

下町人間を〝庶民感性〟で再考すれば、その者たちは、政治改革の人民、ポプリズムの大衆、国家の構成員としての国民などのように、権力と支配に関係づけられるよりも、群れでしか生きられない〝共に生きる〟人間起源への悲哀を含む共感の庶民としてわたくしは理解している。

例えば、神輿を担げば、欧米風の平等と自由、そして民主と協力を言われなくても、その言葉の真実を自分の身体の暗黙知で実感するのが、下町の庶民感性である。意外にも、ポスト・モダンな日本の共同体意識が、新しい銀座界隈とは別次元で、神輿文化の下町のライフ・スタイルに根づいている。

全体最適をめざし成長する外国の大会社は、これまで日本の会社経営に培われてきた〝お神輿を担ぐ〟経営方式を学んできた。その代表例がサムスン社の事例である。この会社創立者の家族は、歴代にわたり幼少から東京下町に住み、「競争に強い日本の企業は、下町の庶民感性を形にする神輿文化にあり」、と実感していたようだ。お隣の国の同社の驚嘆する成長ぶりから、張り合う競争心と和する精神の神輿文化に潜む日本の企業文化の底力を同社は取り入れていた。わたくしなりにそう推察する。

そうした発想からであろう、二十数年前に日本に必死に追いつこうとサムスン社が、若手エリート社員を縁と粋のグローカル・にっぽんの経営研修に派遣してきた。厳冬期に神田明神のお神輿を特別に担ぐ体験もその研修プログラムに加えたのである。その狙いは下町の祭りの中にも人情と合理を嗅ぎ分け、日本企業の〝擦り合わせ〟の和を背負う協働体意識の原点をみいだし、日本の組織と個人の〝地べたの性質に還る〟つながり、すなわち、「地域知能の素顔」を形にする組織の有効性を学ばせた。サムスン社は、その後、世界各地のローカル市場と地域文化特性に焦点を合わせた、グローバルな人材育成とマーケティング経営戦略を打ち立て、大胆な意志決定のグローカル経営に成功した。持説の「〝三ち〟の経営人類学」を秘かに実践していたともいえる。

しかし、その成長の持続性は同じ戦略の後発企業の成長で脅かされるものだ。「超える者は超される宿縁」の無常を悟り、前に生きるしかない。ソニーも同様の実感を今味わっている。

「文化の民主化」への方向転換

世界の庶民感性を見失うとき日本経済と日本企業は市場変化を読み切れず、危機に落ち入る。日本の祭りの神輿には、庶民文化、大衆文化、町内文化としてだけ片づけられないなにかがある。それは変わらないグローカル・にっぽんの経営文化の本質である。その本質は、超える縁と粋の価値、例えば、次世代の新技術や新製品をつくりだす精神性である。

日本の会社の最近の不粋には、グローカル・にっぽんの創業の精神を欠き戸惑う感じもする。例えば、天下の松下がパナソックに社名が変わり、松下の神輿にはグローカルなシンボルが見え難い。同様に、日産がルノーとなり、その神輿には新しいシンボルをはめ込むように変わってきた。神輿の中に籠り群れる日本発のグローカルな縁と粋の精神性が薄くなってきたともいえる。

神輿文化、そして下町や路地裏の活力は、世界的活力をつくる底力である。その底力を象徴するかのように下町の路地裏文化に六三四メートルの世界最高のタワー、「スカイツリー」がお目見えした。この快挙は、「庶民性のローカル社会」からの「社員性のグローバル経済」への底上げを感じさせるなにかがある。国際経営学では開発途上国社会の上昇運動をピラミッドの底上げ現象（ＢＯＰ）という。路地裏社会とスカイツリーとのあいだの相互関係は、このことと同じような底上げの社会変革を象徴的に問題認識させてくれる。

動かない巨大なピラミットの底辺が這い上がってきたように、路地裏から表通りへのスカイツリーの隆起運動は旧来のローカルな庶民が今様のグローバルな形への変革をみごとに表現した。その庶民の生産と消費のグローバルな原動力が貧しさの土壌に培った下町ロマンに潜んでいた。そこに生き続けた下町の庶民感性が今や日本のグローカル鉄道会社（東武鉄道）の力でグローバルな顔を見せはじめたのである。

下町の庶民感性に寄り添うように、スカイツリーは高きことをめざす。その下町庶民性は黙して語らぬ「反骨の精神と〝侠〟（勇敢・豪胆）への憧憬」を内容とする。そのことを歌舞伎芝居に観る崇高にして残酷な愛の表現と言い換えることもできる。天高くそびえるスカイツリーはこの暗黙知の庶民起源のグローカル世界観を発信した。ただし一つ残念なことは、地縁・祖縁に意味深い〝業平橋〟（なりひらばし）の駅名が残らなかったことだ。業平橋を世界言語にできたらしてもらいたかったという思いがわが心に残る。業平橋の地域に縁のある『墨東綺譚』の作家、永井荷風も墓の中でそう考えているかもしれない。

下町文化起源のグローバル・ビジネス

下町に忽然と聳え立つスカイツリーからの教訓は、基礎の底上げにより高さをめざす技術革新とビジネスの変革が物語だ！　日本の下町だけでなく世界の下町を巻き込んで庶民感性からの「文化の民主化」をグローバル経済のなかにデザインできたことに注目したい。「文化の民主化」をスローガンにして、再開発への良質な物事を残す庶民感性に寄り添って企業家精神が生きてくる。創造的破壊の企業活動が、かくして世界のビジネスの中に文化再生と人間復興のグローカル・モデルを実現する方向へと進化する。

スカイツリーをめぐる技術革新も、その高きことをめざす日本の方向も、「政治の民主化」だけではない。日本発のグローバル・ビジネスに気がついてもらいたいこと、それは、「文化の民主化」の方向への〝転換の舵取り〟である。下町ロマンに寄り添って生きるグローバル企業の哲学と戦略は、まちがいを引きずる権力には恐れないで、実力でライバルと張り合う、そして身を捨てて持続する未来を護る下町人間の心意気である。その精神こそが、わが国の「文化の民主化」を方向づける転換への舵取りの心構えである。

国際ビジネスは、人間の庶民感性を取り込まないと未来を楽しめない。前述の〝ピラミッドの基礎部分の底上げ〟（ＢＯＰ）のグローバル現象が、忍び寄る「文化の民主化」だと気付いてもらいたい。

ローカルな庶民文化の底上げ活力が、現代のグローバル・ビジネスの勢いをつくる。例えば、江戸の下町で磨かれた武家階層への権力批判の意味を持つ歌舞伎は、「文化があって経済がある」とする庶民と社会の共感を得て成長してきた物語を残して現代に生きている。市川家の宗家の成田屋こと、市川團十郎家族はそう信じて十二代約三五〇年の歴史を持続させてきている。

グローバル時代に向けて「地域知能の素顔」で下町ロマンを背負って聳え立つスカイツリーは、見失いがちな庶民文化の底上げへのグローバル能力を情報発信し、また、日本再生へのその象徴的な地域知能の働きを演じている。そうした意味での〝超える縁と粋〟の「文化の民主化」の心意気、ピープルの庶民精神を、良識ある日本人は下町感性で感じている。経済グローバリズムだけではない、グローバル化に寄り添って生きる下町のローカルな、縁と粋の庶民感性が、スカイツリーを触媒にして「世間様」の見えない力を見える力にし、「文化の民主化」のイメージを世界モデルの形へと今主張している。庶民という言葉は、善や悪をハッキリさせるイデオロギーの理論を超えて、人格の説得力に近い感じもしないではない。「文化の民主化」とは「まち・ひと・しごと」の〝全人格的表現〟であってほしいものだ。

経営随筆・縁と枠の感動日記から――その19

〝一対一〟の芸事と学問

「芸事」と「学問」の比較

学問もそうだが、芸事（げいごと）の世界もその能力の向上は人間の絆が起点である。江戸長唄や河東節などを長年の稽古ごととし、さらには大正琴の会などの顧問を三〇年近く仰せつかった経験を通じていえば、芸事は個人的な人間のあいだの〝一対一〟（顔と顔の向かい合う二人関係）の教育関係からはじまり、やがて仲間集団、目的組織、そして慣習や制度の関係へと進化する。その進化の過程には、目に見える形の旗印となる〝お師匠さん〟、先生、家元さん、会長さんがいる。いわゆるタテ型の教育人脈で、その人脈そのものが話題の種となり、生き甲斐となり、ついには美的感性の創造の場となる。

芸事は、大学での学問の教育関係ときわめて似ている。両者は基本的には〝一対一〟の顔と顔をつき合わせて学ぶ教育文化である。産業革命以来、大学での教育は産業構造の近代化の速度に合わせて大量生産型に変わってきた。新産業や新しい職業に見合う人材を大量に供給するために、大学は大教室での大人数教育へと変化した。もちろん最近では、少子化の影響と大学間競争とがあいまって、小規模教室も増えてはきている。

本来の大学とは〝一対一〟の「顔を合わせる」教育の基本を残すゼミナールを制度化してきた。今ではこの制度も、大学院課程でしか意味のないほどになってきた。ゼミ教育を大量化している大学もあるので、やはり、〝一対一〟の教育の基本に忠実な芸事と比べて、学問は芸事と同じようで同じではない。

それはそれとして、芸事では、師匠の芸を本気で学ぶには、〝一対一〟の師弟関係からの開放は至難の関係へと発展する。それに反して、学問には芸事よりも拘束されない個人の学び方があり、創造への個人の自由がある。言い換えると、芸事は一度師弟関係との縁ができると、その縁は切れない関係となるが、学問はその縁と締め付けはそれほどきつくない。また、学問の方が、芸事と比べて選択のより自由がある。

両者のちがいは、自他関係における〝学ぶ・教える〟成果への評価のモノサシのちがいである。わたくしの唄が下手で美的感性がなければ、そのことは聴衆にそのまま伝わる。ごまかせない芸事には、その人間の真価が芸ごとのレベルで問われるのでより挑戦的にならざるをえない。もちろんお座敷での旦那芸のお遊びの芸事は別段の話しだが。

一方、わたくしの学問への評価には、芸ごとの上手・下手の感性は二の次で、形式が整い、内容に科学性の理論があること。たとえば、先行した知に精通し、計量科学的技法を使い分けられ、主張する論理の明瞭さ、創造性の説得力、社会と学問そのものへの貢献性があるかどうかなど、そのことを見極める方向への知的に固まった標準化や合理性の規範の型がある。

芸事の評価には思想と理屈は成長の邪魔になる。普通の人間の感性に伝わる説得力がものを言う。理論と思想を強めれば、芸事は前に進まない。論理性の類の話を芸ごとの心境に持ち込むと、芸の進歩がなくなるものだ。というのも芸事は、純粋に感性の世界だからである。逆に、学問の評価は思想と理論抜きでは成り立たない。それでも、学問は、感性と縁ある人間そのものについてとやかく理論づけたがるのはなぜなのだろうか。

感性を不合理と切り捨て、論理を神々のように崇拝する学問には、感性の人間を別世界へ追い払い、論理の自分だけが、人間だといいたがる癖もある。その癖に気がつかず、昔のわたくしは〝見える形〟の学問（論理）の中に、〝見えない心〟を探していた。

「主観の科学」と「個の普遍主義」

その癖の時代は、そろそろ終わりを告げた。その反省が、人間の庶民感性からの哲学への目覚めにあった。今のわたくしは〝超える縁と粋〟のグローカル・にっぽんの経営を「主観にも科学がある」、「個にも普遍主義がある」と、その〝経営の知〟を形あるものにデザインし、それを世界に発信したい。グローカリズムの経営哲学は、身近な「一本の樹にも世界の森がありー」とし、「世界の森がその一本の樹に象徴されている」、という信念（哲学）である。そうした意味でのグローカル・にっぽんの〝経営の知〟、すなわち、日本を超えた縁と粋を形にする経営の知を、文献経営学からではなく、〝擦りあわせ〟の人生や老いへの経験から拾い上げることである。

芸事と学問を通じて学べたその共通の真実は、求め与えられた情報を真実とする以前に、先ずは場の真実を直観できるその人をまず信じて、その人を主観の科学の機軸として見立てる。その主観性には、人間を信じる学問と芸事の両方の心根が準備されていて、科学がすでにその人間どうしの絆の縁と美的感性を分かち合う粋の主観に実在する。

縁と粋の人間関係に「主観の科学」と「個の普遍主義」が実在する。このことを別の形で表現できないだろうか。そこで出会った学説が三戸公理論と山城章理論である。九四才でまだ学問の現役に生きる三戸教授（立教大学名誉教授・中京大学名誉教授）は、「経験から科学へ」・「対立からハーモニィへ」を力強く主張される。故・山城章一橋大学名誉教授も、「ＫＡＥの経営学」（知識・行動・経験）を晩年の主張とされていた。両教授が、知識科学に偏らず、経験科学を重視する。そこに「主観の科学」と「個の普遍主義」を肯定する学問視座がある。

また、最近東京大学の藤本隆宏教授と国際会議を共にする機会があった。同教授の「生産現場の理論」にも、「経験から科学へ」・「対立から創造的調和へ」の主観と客観の融合する〝場〟の真実を観る主張に説得力を感じている。

机上の学問から〝現実の場〟を直視し、その「場の真実」を直観できる学者は、〝超える〟「縁と粋」

の哲学を無意識なものにしてきた。芸術に生きる者たちも同じである。自己の中の無意識の神々や仏を芸術家は自己表現するようだ。江戸時代の成田屋・市川團十郎丈は故郷の縁と粋の成田山の不動明王に〝成り切って〟歌舞伎の世界を盛り上げた。「超える縁と粋の経営」は、ローカルからグローバルへもう一人の自分を創れるグローカル能力とその哲学にあるようで面白い。歌舞伎役者には自分という「文化の主体性」があって、そこから神にも仏にもなれるようで、さらに面白い。

経営随筆・縁と粋の感動日記から──その20

家元文化と教養文化

家元文化

産業文化立国論の立場から文化科学省と経済産業省が、「粋」（いき）の日本文化の見直しをめざして協調してきた感がある。アニメ、和食、富士山などのクール・ジャパンの旗印の下に、産業構造の革新、新市場のたち起こし、グローバル化への競争力の強化などといろいろなおもいがこめられている。だが、政府指導の産業文化立国論には不安なところもある。なぜならば、制度だけ磨いても、「粋」が、制度の外にある文化のことであり、クール・ジャパンの本質が「日本文化」の基層にあるものとわたくしは考えているからである。いうならば、粋の本質が〝日本文化の基層にある「見えない縁」との繋がり〟にあることを、行政は見過ごされているのではないかという不安である。

粋は、制度から逃げたがるものだ。〝逃げる〟粋を、制度が追いかけようとするのも、そこには測り難い粋の個性がある。そこで個人の粋をつなぎとめようとする制度が、拘束する縁の力を持つようになる。その種の縁と粋の繋がりは否定できない現実に生きていく生活の関係である。だが、粋は本来個人起源のものであることを忘れてはならない。人間の感情を消して制度化した「集団の無意識」や、個性喪失の「匿名性の原則」の強制を粋は心底から嫌うものだ。

話は飛ぶが、海外にもそれぞれの地域固有の生き、活き、意気、艶の意味での粋の文化がある。だから、日本の粋はかならずしもその国特有の粋とは重ならない。日本の〝いき〟（粋）とは、「わが民族独自の自己開示」であり、「異郷の哲学」だということを、九鬼周造はかって結論づけている。現代もはたしてそうだろうかという疑問がわたくしなりにないわけではないが、それはそれとして、世界各地にはその国の粋の美学がそれなりに押し殺したように存在する。

さて、〝制度の縁〟と〝個人の粋〟を今どのように結びつけて、日本の成長産業へと日本の縁と粋を進化させたらよいだろうか。この問題を日本の未来の場づくりに焦点を合わせて擦りあわせ的に考えてみることにしよう。

制度と個人、縁と粋、それぞれのこの二つが一つになる未来の場づくりへと、この問題を解く鍵が、日本の「家元文化」と「教養文化」にある。日本の家元とは、芸ごとの流派の事柄（ことがら）だ。宗家を立て、慣習や制度の持続で、家元当主に帰属する個人を限定し、その上で個人の芸の成長をさらにめざす平安時代からの仕組みが家元制度である。家元制度は日本のイエ文化そのものを文化遺伝子とするのでそれは否定できない無意識の文化である。歌舞伎もそうだが、養子制度を暗黙知として家元制度の前近代性のなかに、日本の芸ごとが廃ることなく磨きあげられ、伝統組織に創造的革新を含め成長させることが、そのイエ文化の仕組みである。会社トヨタも突き詰めて言えば、歌舞伎と同じイエ思想で動いている。

ときには家元制への改善や変革もある。中根千恵教授が「タテ社会の論理」として指摘したように、日本のタテ型の組織改革には常に〝裏切り〟の反動がついて回る。なるほど、能力基礎の弱い家元宗家にはつねにその枝葉からの能力成長に追い超される危機意識がある。いわゆる専門の能力と人間の魅力による下克上である。

別な言葉でいえば、上からのタテの強さは、ヨコ・ナナメ、そしてシタからの能力とのせめぎ合いに直面することになる。例えば、大衆に支えられ芸能文化として定着した大正琴は、家元制から会員制や協会制へと脱皮している。名古屋の江戸長唄の杵屋系にも、その主流派から別派の杵屋が誕生した。ということは、真の芸ごとにはやはり能力主義が健在であり、その能力主義には、〝別次元から〟の改革を伴いながらも、日本文化の家元制度を全体で踏襲している。別の言い方をすると、芸ごとには縁と粋が揺れ動き、超えて創れる実力競争に還れる自然秩序がある。

壊れるようで壊れない、日本の「家元文化」はかくして持続する。芸ごとに巻き込まれた者たちは、〝避けられない〟この宿縁からの粋を「修行」で磨く努力をしてきた。日本文化の保存とは、こうした縁と粋の家元文化を持続させ、日本の古典芸能や伝統工芸のイエ文化の衰退に歯止めをかけてきている。人間国宝も、そうした家元文化を未来に保存する仕組みであり、日本政府の超える縁と粋を持続させる配慮である。

これまで述べてきた芸ごとは、広く深く、その技と心を磨く「道の概念」であり、その道はお遊びの芸ごとではなく、日夜切磋琢磨する芸道、職人道、師道、経営道を含め多岐にわたる。そうした道を「修行の道」とし純粋に修行に生き甲斐を求める人々は、修行の中に潜む〝場〟（ば）の能力主義を実感し、未来への超える縁と粋の能力を磨く。さて、この機会に場との「縁」と仕事の「粋」を磨く「修行の道」を次のようにまとめてみるとする。

(1)　修行の道が、日本を造り変える〝産業文化立国論〟と繋がる
(2)　修行の道が、日本の〝未来の場づくり〟をめざす
(3)　修行の道が、〝超える縁と粋〟の「感動の価値」をつくる
(4)　修行の道が、〝グローカル・にっぽん〟の経営の実践哲学となる

このような意味での超える縁と粋とを目指す「修行の道」の潜在力を有効活用するとき、日本固有の家元制度とそのイエ文化特性にみる正義のあり方が現代的に問われてくる。同様に現代の会社が正規社員と非正規社員とに分けてイエ文化遺伝子を殺す二重構造の企業文化にも問題がある。その一方で家元制度と企業文化の両方に〝差別化と囲い込み〟のイエ文化の弊害があるのも事実である。

それでも、家元文化からはみ出す創造的破壊の異端分子が、超えて生きる免疫力を強め、能力主義を

許す寛容さの外部社会によって救われている。そこには新しい家元がまた誕生してくる。そうした意味での家元信仰の多神教性の日本には、大きな家元と小さな家元が、あるいは古い家元と新しい家元が、それぞれもたれあって互恵の縁と粋が矛盾を超える潜在力を培ってきたともいえる。

考え方によっては、一人の正規・非正規社員も、それぞれが〝種の起源〟ともいえる家元の原型である。その考え方には、ダーウィンの場の変化に適者生存の〝自然淘汰〟の西洋思想があり、同じ場に弱者も強者と共に生きられる今西錦司の〝棲み分け〟の東洋思想もある。

教養文化

家元文化と同じような問題認識が、学問の基軸としての「教養文化」にもある。社会を階層化し、身分、軍閥、閨閥、そして学閥などの囲い込みと派閥優位の日本の歴史が、わが国民大衆を〝市民としての〟教養文化の国民にむけて、これまで十分な育て方をしてこなかった。教養文化とは、人間、自然そして科学との縁に知を深め、その縁に粋の感性を学習し、自己の生き甲斐を求める全人格形成である。

大学は教養文化の曖昧さを嫌い、グローバル経済競争への高等教育、専門教育、そして職業教育への道へと特化してしまった。その悪しき結果として、若者たちへのグローバル指導者形成の中核となる教養文化の学習機会をその後の日本の指導者たちは見失っていた。

教養とは日常生活の判断と行動に超える縁と粋を悟る生き方を身につけるため、人間の感性を豊かにする〝たしなみ〟である。芸ごともそのたしなみの一部に過ぎない。偏差値の高い、グローバル組織に働く日本人たちは人の上に立っても、感性の教養を欠き、たしなみに無縁の感がする。日本が真に産業文化立国論をめざすなら、日常生活のなかの教養文化との縁に目覚め、その縁をより粋なものにつくり変える組織文化と仕事のリズムを自ら求めることが不可欠となる。

新歌舞伎座の柿落としで、市川海老蔵の「江戸桜由縁助六」（仲之町の三浦屋の場面）で、河東節を一寸見会（ますみかい）のご連中と一緒に唄ったとき、わたくしの隣には大手の某建設会社の社長が座って共に声を揃えていた。この社長は自分のお金で芸ごとの河東節を学んでいることを誇りにしていた。超える縁と粋が会社にも持続する「日本の教養文化」を彼から感じとれた。

同じ歌舞伎演目の観客席には、ルノーが派遣した日産に勤務するフランス人の若手社員がいた。「教養がないと出世できない」とかれらはそういって、五時前に早めに退社し日本の教養文化（歌舞伎）に目を見張り、耳を傾けていた。ルノーは、日本の会社と技術をまるごと買っただけではなく、日本の家元文化と教養文化をできることならそのまま買いたいのかもしれない。

関西学院大学での二〇一三年度・日本経営学会の年次大会において、『ドラッカー・教養としての経営学』の著者のJ・マチャレロ教授が米国のクレアモント大学から招かれ来日した。故・ピーター・ドラッカーの共同研究者だった彼は、「ドラッカーのいう教養とは、体験を基礎に人間性や社会性への理解を深め、そして倫理を分かち合うことであり、そして科学知識を学ぶことの意味である」、と述べていた。

わたくしが求めている海外へと〝超える縁と粋〟のグローカル・にっぽんの経営は、ドラッカー理論の基層に流れるものと同じ「身体的に現場感性で知覚し共生する自然秩序の社会生態」だと、マチェレロ教授の話からなんとなく感じとれた。

もっと詳しく言えば、わたくしの意味する〝超える縁と粋〟とは、無限の縁を直観し、生（いのち）をつくる粋（活力）を意気・息のリズムで形にすることである。そのモデルは、自然の秩序にあり、共に生きる社会の働きにある。その自然と社会に限界があれば、その限界を超える「縁と粋の価値」を新しくつくる勢いが、グローカル・にっぽんの経営未来図である。家元文化も教養文化もその未来図の中での超える縁と粋の思想となり、日本と全世界を流動化させる変革の基礎となるものと信じている。

最後に、今日の経済界、経営者にもっとも望まれていることは、机上の知識人から現場の教養人への変身である。その者たちに期待することは、次の三つである。

(1)　グローカル・にっぽんの経営指導者の「粋（生き、活き、意気・張り合う勢い）に目覚め」
(2)　既存の家元文化と教養文化を超える「縁を悟り」（見えない絆を見える化にする）
(3)　文化主体間の混乱と紛争の傍観者でなく「当事者意識を自覚」（限界を超えて共に生きる覚悟）

以上の三つのことを日常の生活リズムに組み込み、早起き、正直、働きの現場の科学の直観で隠れている人類愛・地球愛を発見し、その次にその発見を未来の場づくりへの「縁と粋の経営の発明」へと繋げてもらいたい。ものづくりや制度づくりだけではなく、同時に、日本からの〝超える縁と粋づくり〟のグローバル・リーダーの誕生を世界は待っている。

今ここに提言できることは、家元文化も教養文化も含め、世界に愛されるクール・ジャパンを日本文化の縁と粋の本質観からの見直しである。さすれば、超える縁と粋の産業文化立国・日本の未来を共に創り、そして幸せを共に分かち合えるグローカル・にっぽんの経営の形が見えてくる。その形に実在する「縁と粋の経営、すなわち測り知れない価値創造をめざすグローカル・にっぽんの経営」が、国境なきグローバル精神の活力となり、未実現なる〝隠れた真実の〟「グローカル資産」の発見の契機となり、またその資産の新発明の偶然性を創り出す。そうした可能性を秘めた〝超える〟「縁と粋のグローカル・にっぽん」の未来を楽しいものにしたいと心から願ってやまない。

あとがき

「縁と粋は、どうしたら感じとれるのだろうか。」計数化の科学理論では説明できない『縁と粋の経営』の読後感には、そうした疑問が残るかもしれない。教わる知を記憶し、かくして試験の成績が上がり、地位を得る。それも一つの学問の方法だが、己れの中に潜む創造力の感性がそのように学問する仕組みの中に弱まっていく。経営随筆はそんな反省から生まれ、創造性への全人格的な直観の再生を目指し、物事と事柄についての「〝場〟(ば)の哲学」を求めている。

一五年間ニューヨークでアメリカ美術史を学んで帰国した三女(村山にな、現在は玉川大学芸術学部准教授)に、「アメリカの大学で学んだことで一番想い出になることは何か」、ということを聞いてみた。そうしたら、美術教育の最初の講義でノートを取り始めたとき、その教授は烈火の如く憤り、「外に出ていけ!」と大声で怒られたという。美術は他人の知識を暗記することではなく、場にある対象を自分の心で観て、自分の感性の言葉で考えることだという。なるほどこのアメリカの美術教授は唯識思想の哲学で、世界は自分の心の中の場にあり、揺るぎない自分自身の世界を心の中に創造することを教える。

日本の美術は、私がＮＨＫの「日曜美術サロン」で他人の評価の言葉に感激しているような暗記の知識かもしれない。美術とは、知性だけではなく先ずは己の感性を磨くことで、己の感性には対象の内在的真実を観る己れ自身とその哲学が厳然として実在する。縁と粋も、同じ様に己の感性が知る事象の実在であり、己の心の場で真実を知覚できる世界観や宇宙観である。

ここで言う「〝場〟（ば）」とは、小さな場と大きな場は一つであり、初めの場が終わりの場である。また、見える場と見えない場が同じであり、見える混沌とした世界の場に惑わされないで、見えない調和の世界を心に確信する。その確信の瞬間に自己の中の哲学が目覚める。日常生活で経験することだが、感じ取れる〝場〟（ば）の空気や雰囲気は、見える事象から見えない物事や事柄を人間に意識させてくれる。その意識の中に自己が存在する。存在する真理はその場の物事や事柄そのものの中にある。己れが批判する相手には、批判される自分自身が存在することに気づいてもらいたい。

私どもが学んできた西洋起源の自己意識が〝見える場（ば）〟を価値あるプラバーシィ（Privacy）として位置づける。かくして金銭的や計数的に数えられる経済価値で評価できる〝見える個〟の独自性が強調されてきた。だが、日本の〝場〟（ば）を西田幾多郎流に言えば〝無意識の場（ば）〟であり、自己と他者が一つに溶けて消えている無意識の存在の〝働きの場〟である。例えば、〝われわれ〟と言う日本語の響きには、密かにもつ日本の神々が見え隠れし、自己組織化する仏がいる。しかし注意すべきことは、〝われわれ〟という日本語が戦略的に使われ、見えない神々や仏を含む存在と混同され、自己本位・他人排除を好む自己中心主義の〝プラバーシィ〟（Privacy）として悪用されることもある。

〝未来の場〟づくりへの心構えは、純粋に天と地を結ぶ自然秩序が機能する無意識の場を信じることである。そして、憤る鬼心・鎮める仏心の葛藤を乗り越えて自他共生の無常観を護り続ける日本人の有即無／無即有の純粋無や、多即一／一即多の「グローカリズム哲学」をさらに磨きあげることだと思う。その可能性に挑戦しかつ応戦する生き方が、「グローカル・にっぽんの経営」を創ることに繋がっていくものとわたくしは信じている。そこには、「経営学が戦争を超えて平和創造の学問である」、という悲願が籠められている。

最後に、ニューヨークで学生結婚して以来半世紀を超えて連れ添ってくれた家内、メーブル・清子《キヨコ》（M．K．）との広がりのある学縁と、そして忍耐強い内助の功に感謝し、この本を捧げたい。二つが一つの国際結婚に生きる経営随筆は、怒り、鎮め、敬い、そして和する心豊かな未来の場へ繋がる。

二〇一四年一二月五日

【著者紹介】

村山元英（むらやま・もとふさ）

昭和9年東京下町生まれ。千葉大学名誉教授、定年後は中京大学教授を経て、シアトル大学専任上位招聘教授（Visiting Distinguished Professor, 2008 to 2012）、国際経営文化学会会長、米国・環太平洋経営学会フェローー。専門は国際経営学／経営人類学。主たる著書は、『創造的破壊の経営学―破れない二つめの卵の殻』（村山になと共著）、『企業文化原論―経営の芸術力』、『戦略と哲学―経営者開発論』、『アジア経営学―国際経営学／経営人類学の日本原型と進化』、『空港文化・新企業戦略―空の民営街道論』、『経営管理総論―身体的経営一元論』、『経営学原理―根源の論理』、『Business Anthropology: 'Glocal' Management』（総て文眞堂版）、『経営人類学―動物的精気の人間論』（小柏喜久夫と共著／創成社）、『わが家の日米文化合戦』（ＰＨＰ／講談社）など多数ある。日本各地の大学で非常勤講師を務める。日本政府の国際交流基金や米国公益財団の日米国際教育交換協議会の海外派遣教授として、アジアとアメリカの諸大学で教鞭をとる。江戸下町文化に特別な興味と畏敬の念を持ち、長年にわたり深川の富岡八幡宮崇敬会特別顧問。趣味は江戸長唄で東友会（東京芸大系）所属。また、古曲・河東節一寸見会名取（芸名・一寸見東元）。歌舞伎座などで故・市川團十郎丈や市川海老蔵丈が演ずる『江戸桜由縁助六』の舞台黒御簾でご連中と河東節「助六」を唄う。交詢社の特待社員。

経営随筆　縁と粋の経営
――グローカル・にっぽんを創る――

二〇一五年一月一五日　第一版第一刷発行　検印省略

著　者　村　山　元　英
発行者　前　野　　隆
東京都新宿区早稲田鶴巻町五三三
発行所　株式会社　文　眞　堂
電　話　〇三―三二〇二―八四八〇
ＦＡＸ　〇三―三二〇三―二六三八
〒一六二―〇〇四一　振　替　〇〇一二〇―二―九六四三七番

印刷　モリモト印刷
製本　イマキ製本所

http://www.bunshin-do.co.jp/

ISBN978-4-8309-4839-8　C3034